华章经管

HZBOOKS | Economics Finance Business & Management

陈春花管理经典 **珍藏版**

从理念到行为习惯

企业文化管理

From Concept to Practice

陈春花◎著

机械工业出版社
China Machine Press

图书在版编目（CIP）数据

从理念到行为习惯：企业文化管理（珍藏版）/ 陈春花著．—北京：机械工业出版社，2016.9（2018.11 重印）
（陈春花管理经典）

ISBN 978-7-111-54713-6

I. 从… II. 陈… III. 企业文化－企业管理 IV. F272-05

中国版本图书馆 CIP 数据核字（2016）第 207867 号

从理念到行为习惯：企业文化管理（珍藏版）

出版发行：机械工业出版社（北京市西城区百万庄大街 22 号 邮政编码：100037）
责任编辑：程 琨　　责任校对：殷 虹
印 刷：北京瑞德印刷有限公司　　版 次：2018 年 11 月第 1 版第 7 次印刷
开 本：170mm × 242mm 1/16　　印 张：14
书 号：ISBN 978-7-111-54713-6　　定 价：49.00 元

凡购本书，如有缺页、倒页、脱页，由本社发行部调换
客服热线：（010）68995261 88361066　　投稿热线：（010）88379007
购书热线：（010）68326294 88379649 68995259　　读者信箱：hzjg@hzbook.com

CONTENTS

目　录

FOREWORD

总　序

比使命更重要的是行动

最近，管理学一级期刊 *Academy of Management Journal*（AMJ）的许多编辑发表了一篇号召研究学者提出更多适合东方情境的管理理论及构念的文章。这篇文章回顾了近几十年发表的管理学文章在理论创新及贡献上的不足以及对西方理论过度偏重的情况，分析了东方与西方社会在管理情境上的一些不同之处，呼吁更多产生于东方式独特管理情境、能够解决社会实际突出问题的创新性理论及构念。

自己在管理学研究领域已经走过了20多年，其实AMJ编辑关注的话题，也是我一直关注的话题，我总是感觉中国管理研究没有如中国企业实践那样做出自己应有的贡献，中国管理研究学者也没有如中国企业家那样勇于拿出自己的观点以及创造出自己的价值。

在我自己的认知里，管理研究贡献价值需要三个条件：一是企业实践的优秀案例；二是对重大规律性问题的认识；三是人文关怀。这三个条件在过去30多年中国改革开放的实践中，已经显现出来，或者可以说中国管理研究贡献价值的基本条件已经具备，但是为什么中国管理研究本身却没有同步创造价值呢？有人认为是语境的问题，有人认为是研究范式的问题，这些也许是问题，但是我觉得其核心问题是中国管理领域“知”与“行”脱节的问题。

最有意思的现象是，管理学者研究的话题只是去满足西方管理期刊的要求，并不理会现实的中国企业所面对的困难与挑战。企业家与经理人回到商学院读书，更重要的目的是结识人际网络与构建新的商业机会，甚至一些成功的企业家在公众传播中直接表明观点，认为经济学家、商学院教授没有用。我不想去评价谁对谁错，客观存在的现实是，管理学者的研究与企业家的实践之间有着一个巨大的鸿沟，管理学研究成果企业家并不去在意，企业家青睐的期刊和书籍，管理学者也不屑一顾，这种现象本身就可以说明问题。

德鲁克精辟地阐述了管理的本质：“管理是一种实践，其本质不在于知，而在于行；其验证不在于逻辑，而在于成果；其唯一的权威性就是成就。”管理经典正是源自于对管理实践的关注与洞察，并通过与实践的互动来引领实践，此即管理经典的实践性。基于这一特征，这些经典的研究成果在两个关键方面为我们的管理实践和管理研究贡献了价值：问题的框定与复杂问题的简单化。我们始终可以受益于那些引领管理实践变化并创造出无数价值的经典研究成果：泰勒的科学管理原理解决了劳动效率最大化的问题，韦伯的行政组织与法约尔的管理原则解决了组织效率最大化的问题，赫茨伯格的双因素理论解决了激励与满足感之间的关系问题，波特的竞争战略解决了如何获得企业竞争优势的问题，德鲁克让我们了解到知识员工的问题。这些经久的研究，正是基于对管理实践中重大问题的提炼，与西方企业有效的互动，带动了西方管理实践的高速发展，并引领了世界管理的方向。

如果我们所有人可以回到最基本的问题上思考，可能所有的问题都变得很简单。从这个意义上讲，在近百年的管理实践中，不管外界环境如何变迁，科学技术生产力如何发展，管理大师在那些经典研究成果中所提出来的管理问题依然存在，他们所总结的管理经验依然有益，他们所研究的管理逻辑依然普遍，他们所创造的管理方法依然有效。这一切首先基于这些研究都是面向管理实践的，其实践性的本质决定了这些研究对管理实践活动的深刻洞察和归纳提炼，从而推动实践成效的提升。因此，实践性正是这些经典管理研究成果的价值贡献的首要内涵。

管理一定是来源于实践的，没有管理实践的成效，我们无法真正获得管理经验的总结和理论。因此，中国管理学领域的学者需要从事更多的启蒙工作、学习的工作，把西方的管理理论传送到中国企业的管理实践。

无论是管理实践还是管理研究，很多人非常努力地在尝试着新的管理理论。20 世纪 40 年代，人际关系训练被看作是组织成功的关键；50 年代，德鲁克提出的目标管理理论又被视为解决管理问题的新方法；进入 70 年代，我们看到了企业战略；90 年代，随着电子信息技术的进步，更多的新方法层出不穷。当进入 21 世纪的时候，我们认为管理创新理论引领变化。其实这些都是非常重要的，因为对于中国企业来讲，所有的管理理论和方法都是需要面对和接受的。但是，我们往往无奈地发现中国企业活得很苦，因为付出非常多却没能得到相应的回报。这其中的根本问题就是管理的基本到底是什么？我们的管理发挥了什么作用？当我们对管理的基本理解不够的时候，后面所有的东西都是没有价值的。

管理的目的是为了提升效率，这是德鲁克和我们的共识。也就是说，管理从根本意义上是解决效率的问题。那么，我们的效率从哪里来？管理的逻辑如何？这是我们今天遇到的问题。从管理演变的历史来看，管理演变的第一个阶段是科学管理阶段，代表人物是泰勒，这个阶段所解决的问题就是如何使劳动效率最大化；管理演变的第二个阶段是行政组织管理阶段，代表人物是韦伯和法约尔，这个阶段解决的问题就是如何使组织效率最大化；管理演变的第三个阶段是人力资源管理阶段，包括人际关系理论和人力资源理论，这个阶段解决的问题就是如何使个人效率最大化。因此，如果对管理所谈的效率做细致的划分，就是劳动效率、组织效率和个人效率。先解决劳动效率，然后解决组织效率和个人效率，当顺序颠倒时我们会发现管理无效。因为个人效率需要支付条件，而支付条件是需要组织给出的，如果没有劳动生产力的产出就不可能有组织效率，没有组织效率就不可能有个人效率。

选择泰勒、法约尔、福列特的经典研究成果，是因为我们对管理理论研究的一个认识：管理理论研究的命题来源于对重大实践问题的认识。泰勒正是认识到提高工人劳动生产率是极其重大的问题，才有了以分工理论为核心的科学管理理论。法约尔正是关注到组织效率的问题，才有了一般管理的 5 个要素和 14 条原则。福列特则是前瞻性地关注到了科学管理中被忽视的人性因素的相关问题，通过在企业管理咨询的实践中对现实进行细致的观察和研究，从而在发挥个人效率的问题上为我们提供了启示。回顾这些管理经典时我们发现，管理大师回答了对管理的最基本理解：效率。正是这样的理论研究，推动了西方近现代的高速发展。

做了一个管理理论演变的梳理和回顾，只是想说明“知”与“行”之间是完全合一的，如果无法做到这一点，只能是知与行未做到位。只能说管理学者对实践的问题并未观察到位，只能说明立志于从事管理研究的学生与学者，没有要求自己成为一个时代问题的密切观察者，没有让自己融入社会实践中，没有走到企业中去，没有亲身经历一些组织的变革与挑战，所以无法发现问题、无法贡献有价值的研究。

中国传统哲学，一直在讨论“无为”与“有为”的问题，古人有言“天下同归而殊途，一致而百虑”，老子说“无为而治”，《金刚经》说“圣贤皆以无为法而有差别”。你会发现，哪怕是谈论“无为”，也是为了“有为”。

儒家的思想是把欲望控制在一定范围之内，孔子因此删诗书、定礼乐。在孔子生活的时代，各诸侯国之间不断打仗，根本没有一个安定的环境，但是对于文化而言，如果没有安定的社会基础是很难保存的。因此，孔子为了保存宝贵的文化遗产，删诗书、定礼乐，教书授徒。

孔子有七十二贤人，三千弟子，这些弟子后来都成了文化的主将，为中华文化的发展做出了巨大的贡献。孔子删诗书、定礼乐，就能保存文化了吗？我想是的，因为诗书礼乐是文化的形式，如果没有一定的形式，任何一个事物也难以保存。汉代班固《汉书·艺文志》上说“六艺之文，乐以和神，仁之表也；诗以正言，义之用也；礼以明体，明者著见，故无训也。书以广听，知之术也；春秋以断事，信之符也”。因此，孔子在战事纷纷的年代要保存一些规范，从而达到延续文化的目的。

但是，规范只是形式而已，它不是文化的精义所在，重要的是在于对规范目的的体认。倘若没有体认到规范的目的，规范则会变成累赘和负担，且会限制人们。可以说，对目的的体认要通过规范，但不能限于规范。这也是孔子的目的所在。因此，孔子提出“仁义礼智信”“温良恭俭让”“忠孝仁义”，这些都是规范，也可以说是教条。

孔子并不像宋儒以及后世所刻画的那样死板，他的生活是充满欢乐和幽默的。这一点，如果贯通起来看，而不是读格言似的，读一下《论语》就能体会得到。孔子说“吾道一以贯之”，这个“一”就是他的目的。倘若明白了它，则会觉得规范不是呆板的，而是活动的，又是“不逾矩”的，所谓“自然而然”地合于“道”。可惜，后世往往把规范看得最高，也看成是最终的。这让我联想到一些研究论文，几乎都是符合规范却没有意义和价值。

因此，把对规范“度”的把握放在第二位，正是孔子所说的“智者过之，愚者不及”而“过犹不及”的错误，把“仁义道德”变成了一种枷锁，导致了人们的唾弃，以致出现了“五四”时期对传统文化的冲击。这个错误不在孔子，而应在于后世对孔子思想的曲解。我觉得，很有必要重新审视一下传统文化，挖掘出传统文化的精义所在。从某种意义上来说，把欲望控制在一定范围内，也即规范的存在是非常重要的，只是我们要怎样理解的问题。

道家讲“清静无为”，不理会欲望。为什么？因为人总在追求之中，倘若因此而不断奔波，则永不能“清静”，因此，道家要求人们“虚无”，把欲望淡漠，不去管它，从而达到“清静无染”。应该说，这也是儒家的目的。但是，倘若青年之初就讲“清静无为”，很容易导致散乱，一切都不在乎。真正的道家是“无为而无不为”的，这个“无为”不是什么事都不干，而是能认清时代的潮流，从而能“无不为”。因此，道家的目的是好的，但必须从扎实的规范做起。

佛家要求认清欲望的面目，从而“止于所当止，发于所当发”，也就是不但对规范要认清，对它的目的也要认清，从而能够正确、合理地处理一些事情。但是，倘若认不清呢？只有从规范做起。

因此，可以说规范是初步的必经之路，故而圣人都提出所谓的“戒律”。只是我们不能体会到戒律的目的而执着于戒律了，或对它认识不够而废弃了戒律，从而导致了一些弊病。

正如班固所说“及刻者为之，则无教化，去仁爱，专任刑法而欲以致治，至于残害至亲，伤恩薄厚”，西方社会就有这种倾向。因此，“度”的把握非常重要。最好是能够知道什么时候该怎么办，但这很难。正如释家所说，“因人施教”，首先要自己眼光正确，能指出别人或社会的弊端，并能提出解决的办法。

在治世方面，儒、道两家的思想比较突出。儒家是“一以贯之”，也就是一种“傲骨”。不论在什么情况下，社会安定也好，混乱也好，总希望尽自己的心力拯救社会，“救世济人”，所以国破家亡时往往有儒家的忠臣出现。孔子就是“知其不可为而为之”的例子，这是儒家的观点。道家的思想则主要在乱世时方能显示，我们看历史也会发现，每当社会安定了，儒家思想必定被重新召起，因为这是社会安定治理的必由之路，而到了乱世，道家思想则占上风。道家思想善于把握关键，能把时代的洪流疏导，在洪流的下游挖一些渠道，从而能比较容易地处治它，事半功倍，“无为而无不为”，这是一种好办法。但这洪流冲击力的大小，我们怎样判断呢？也就是我们怎样决断我们用什么方法呢？这不仅需要多读历史书，因历史有重演的味道，孔子也说“温故而知新”，还要善于观察社会，从而达到“因人施教”，事半功倍。

知行合一不仅是一种理想，更应该是一种行动习惯，无论是我们的先贤，还是近现代西方管理大师，他们的贡献可以引领我们去完成属于我们的时代使命，而比使命更重要的是行动。

西方发达国家的实践所总结出的管理理论，启蒙了包括我在内的中国企业经营者与管理研究学者，我们花了整整20年引进、学习与消化，同时运用到中国企业管理实践中。正是这20年学习的努力，终于在今天，中国领先企业站到了世界舞台上，并逐步成为全球领先者，伴随而来的，就是中国管理研究领域，也会有机会站在世界舞台上，并成为引领者。

"每一代人都需要新的革命。"托马斯·杰斐逊留下了这样的遗嘱，它令一代又一代不同国籍与文化背景的人激动。对于我而言，正是这个时代，赋予一个中国企业蓬勃发展的机遇，整整一代中国企业家与中国企业的崛起与发展，让全世界各地的人看到一个生机勃勃、日益强大的中国。当我可以置身于这鲜活之中，中国企业以及企业家所尝试、探索、学习以及创新的实践，充盈了每个研究的话题，预示着可能出现的崭新理论，投身其中，让我有着取之不尽的源泉。所以从我踏入管理学研究领域那一天开始，整整20年的见证，让我能够一次又一次地去寻找属于中国领先企业的研究价值，才有了这些作品呈现给大家。

感谢机械工业出版社及华章公司，感谢前总经理周中华、副总经理王磊、前副总经理张渝涓女士10年来的一贯支持；感谢我的策划编辑袁璐先生细致而又全面的帮助，在我写作过程中经常与我讨论和交流；感谢程琨编辑极为仔细、认真地为丛书的每本书校对；感谢在过去20多年的时间里，愿意与我一起深入研究的那些领先的中国企业、企业家及团队成员，如新希望、美的、TCL、华为、广东威创、创维、南方航空、星光集团等，他们的成长时间以及持续的发展，让我得以在实践的第一线真切理解和感受；感谢一直陪伴着我的研究伙伴，如曹洲涛、乐国林、赵海然、刘祯、宋一晓、马胜辉、陈鸿志等；感谢引领我的两位导师苏东水教授、赵曙明教授，正是你们的引领与陪伴，我才可以坚持做下去；感谢我所遇到的所有学生，你们的实践、疑惑以及勇气给了我驱动力量；感谢华南理工大学、新加坡国立大学、北京大学三所大学给了我滋养的支持；最后感谢我的家人，他们一直默默地支持，才会让我毫无顾虑地去做各种尝试。

感恩在我从教30周年的日子里，机械工业出版社及华章公司帮助我整理和出版了这套丛书，虽然这不是我过去30年所研究和写作的全部，但是已经是我渴望付出价值的最重要的部分。当这套丛书出版后，我知道，自己依然会伴随着中国企业的成长，继续我的成长与追求。

在这代人的记忆中，这个时代意味着一个单纯与乐观的年代，也是一个创新与超越的时代，新事物蜂拥而来，任何尝试都可能获得某种成功。商业和企业的成长对中国的重要意义并非在于它摧毁了一个旧传统，而在于它在建立一个新世界；实践与理论的贡献对中国的重要意义不仅仅是总结出自己的理论，更是管理提升与人类进步的新组成部分。如果说由荆棘丛生的荒原构成的中国商业世界，更需要雄心勃勃的梦想者与开拓者，那么已经站在世界舞台上的中国企业实践，更需要肩负使命的行动者与创造者。

陈春花

2016年8月9日于北京

PREFACE

序

一切都在

从 1994 年第一次讲授“企业文化管理”这门课程开始，企业文化成了我最重要的课程和研究课题，从最初对于理论本身的认识，到对于企业文化管理实践的认识，我深深地感受到文化与行为之间的内在联系，同时也认识到人们对于企业文化理解有着极大的误区，这引发了我写这样一本书的念头。

大部分情况下，人们都会认同企业文化具有巨大的作用，但是对于企业文化如何产生、如何发挥作用，甚至对于什么是企业文化这些最基本问题的认识都非常模糊。一部分人认为有企业的地方就有企业文化；另外一部分人认为企业文化就是老板文化，有什么样的老板就有什么样的文化；更多的人认为文化是理念层面的东西，比较虚……这些模糊的认识，影响了企业文化发挥真正的作用。深入到实践中就会发现，很多企业并没有真正打造企业文化，所引发的事实是中国企业没有真正形成属于自己的核心能力，这导致很多企业因为无法确定持续发展的内在驱动力量和支撑的力量，从而无法获得持续成长而进入衰退甚至灭亡。

随着研究和思考的深入，对于企业文化在管理中的价值越发深刻和清晰。郭士纳在 IT 业井喷初期接手 IBM，柔韧而坚定彻底地发动了一场企业文化变革，使得这家连年亏损的IT业“病狮”重振雄风。李东生在TCL遭遇国际化重创、面临亏损的危急时刻，开始了“鹰的重生”的企业文化变革，使得TCL可以扭转劣势重新获得行业和顾客的认可。企业文化对推动企业获得良好业绩有着非常重要的作用，优秀的企业文化可以理顺组织内部价值差异，提高组织运作效率，增强组织承诺和团队士气。企业通过企业文化提升整体形象和品牌信仰，通过对内的整合达到对外部竞争环境的适应，继而提高企业核心竞争能力，实现企业经营业绩的持续增长，铸造长青基业。我们都知道企业如果没有持续业绩，就无法承担一个企业公民的社会责任（比如减少失业率、保持社会稳定、创造更多的价值衍生机会等），而这也正是企业文化本身需要创造的价值。

一个有作为的企业家，他提出、实践和塑造企业文化，使企业上下产生一种认同感，提炼出一种共同的价值观；他无时无刻不思考这样一些问题：

- 我的企业生存和发展的目的是什么？
- 我的最终奋斗目标是什么？
- 我的产品如何被人们所接受？
- 我如何制造出最好的、最有竞争力的产品？
- 我怎样把最好的人才集中到公司来，又能最充分地调动他们的积极性？
- 最好的战斗力如何能以团队的力量去战胜一切？

对于这些问题的回答并付诸行动，可以显现出企业文化的力量，而拥有这种力量，可以推动企业以及企业的管理者在不断变化的环境中保持清醒的认识，以及优越的竞争位置；可以让企业走在正确的轨道上。文化是种像钉子一样坚硬的“柔软”东西：实施起来十分艰难，但取得的效果却牢不可破。企业文化是企业中一整套共享的观念、信念、价值和行为规则，以至得以促成一种共同的行为模式，这种共同的行为模式则是企业文化最强大的力量之所在。企业文化直接决定着领导者的行为方式，企业文化直接影响着人力资源的有效性，企业文化对于提升企业独有的核心竞争力有着深刻而长远的作用，任何一个企业都需要平衡持续变化和稳健发展两者的关系，这就是企业文化的作用，企业文化就是回答企业持续成长问题的根本所在。

共同的行为模式所带来的企业持续成长的驱动力量，让企业文化具有了极其特殊的功能，这需要人们明确地理解文化本身就是行为方式的选择，如果文化仅仅停留在理念层面上，企业文化并没有被打造成功，企业文化中价值观的确定、企业宗旨的确定、企业价值判断的确定等，这些问题的确定不是为了了解，而是为了采取行动。这些明确的价值追求就是要集中人们的精力和资源，努力取得正确的结果。因此，企业文化的一切努力和最终的追求是员工行为习惯的形成、共同的行动模式以及明确的价值行为选择。除非转化为行为，否则企业文化就不能称之为企业文化，只能够称之为“口号”。

理念与习惯正是文化取得结果的两个领域，企业文化的打造也必须从这两个领域出发，让企业的理念可以促进企业和顾客之间、与利益相关者之间达成共识；让企业的行为习惯落实到每个员工的自觉行动中，最终成为员工的行为习惯。企业的真正存在并非是资财的积累、规模的扩大，而是其文化、精神的存在，是具有自觉行为习惯的员工队伍。一旦企业失去了后者或者是形成了某种病态的文化，不论其当时的市场、社会利益如何，不论其在公司庞然大物中的座次如何，很快都会陷入公司的危机之中。危机不是原因，而是结果。产生危机的根源就是企业没有形成真正具有核心竞争力的企业文化。

在写这本书的过程中，我和华南理工大学工商管理学院企业文化研究团队已经进行了长达 15 年的相关研究，我们主持了珠江三角洲地区许多企业的企业文化建设和改造工程，同时也编撰了有关企业文化管理的教材和案例，在这持续的研究和教学过程中，我深化了自己对于企业文化管理的认识，才有了这本书呈现给大家。所以我要特别感谢曹洲涛、晁罡、黄建榕、刘祯、曾昊、袁晓婷、李洁芳、刘晓英、徐慧琴、谢晓君、丁雯、陈鸿志、郭燕贞、刘景龙等老师和同学，特别感谢参与过企业文化工程的所有企业管理者，正是大家的智慧贡献，才会有不断理清企业文化认识的收获。

2010 年应机械工业出版社吴亚军先生的邀请，主编了《企业文化》教材，完成了教材的编写计划之后，我知道需要写一本有关企业文化管理的书，来帮助大家理解企业文化在实践中如何推进的问题。很幸运的是，再一次得到机械工业出版社华章公司前总经理周中华、副总经理王磊的支持，同时获得了袁璐先生的专业帮助，让这本书得以出版，在这里一并表达我的谢意。

我一直想用一个合适的表达方式来说明白我对于企业文化的理解，恰好看到这样一段禅：

有好多天，一休和尚独坐参禅，默然不语。师父看出其中玄机，微笑着领他走出寺门。寺外，一片大好的春光，放眼望去，天地间弥漫着清新的空气、半绿的草芽、斜飞的小鸟、动情的小河……

一休深深地吸了一口气，偷窥师父，师父正在安详打坐于半山坡上。

一休有些纳闷，不知师父葫芦里卖的什么药。

过了一个下午，师父起身，没说一句话，打个手势，他把一休领回寺内。

刚入寺门，师父突然跨前一步，轻掩两扇木门，把一休关在寺外。

一休不明白师父的旨意，独坐门外，思悟师父的意思。

很快天色就暗了下来，雾气笼罩了四周的山冈，树林、小溪、连鸟语水声也不再明晰。

这时，师父在寺内朗声叫一休的名字。

一休推开寺门，走了进去。

师父问："外面怎么样？"

"全黑了。"

"还有什么吗？"

"什么也没有了。"

"不，"师父说，"外面，清风、绿野、花草、小溪……一切都在。"

一休忽然领悟了师父的苦心。

这段禅所蕴涵的内容便是本书的基本主题，一切都在，人们的价值观、行为选择以及价值判断都存在于企业的每个决策中，这些习以为常的行为习惯，正是企业文化最终的表现形式。不管我们讨论的是理念层面的价值观还是外化的可触摸的产品及形象，抑或是更深层面的基本假设，对于企业文化都只有下面这个理解能够让人满意：让理念转化为行为。这会日益成为获得竞争优势的唯一方式，毫无疑问，企业真正有意义的竞争优势是员工的行为模式，企业文化成为决定组织成功的因素。让读者，也就是企业管理者在自己的管理实践中发挥企业文化的作用，便是写作本书的主要目的。

我建议当你读完这本书的时候，要问问自己："这些问题，对于我自己的企业以及我个人，意味着什么？"在把这个问题考虑清楚之后，再问："我的企业应该采取哪些行动才可以打造出真正的企业文化？"

陈春花

2011 年 5 月 29 日于广州天河

人本是散落的珍珠，随地乱滚，文化就是那根柔弱又强韧的细线，将珠子穿起来成为社会。

——龙应台

01 第1章 文化的认知

当地时间2011年3月11日下午，日本发生8.9级强震，后来调整为9.0级，并引发海啸，这次地震是1900年以来的世界第五强震，对日本则是百年来最强的一次。多数已经习惯了地震的日本人最初并未感到恐慌，却最终在巨大的灾难面前目瞪口呆。但是接下来日本人的行动让世人敬佩：冷静，守秩序。从CNN画面上可以看到他们有序疏散到空地上的场景，没有慌乱，没有拥挤。更值得惊叹的是，人们面对突如其来的灾难所做出的选择是坚守、面对和积极工作，日本人想尽办法恢复工作，让海啸带来的影响尽可能地降到最低。这些反应可以看到平素训练的意义，也可以看到应对变化的准备是一种思维习惯，是一种文化的底蕴，当真正的挑战到来的时候，才会从容、有序地应对。

身处危机之中，最直观的感受也许是一条条负面的消息从世界的各个角落里传来，危机超越了民族、国界和地域，传遍了整个世界，让人更深刻地去体会这是一个全球化的时代。危机虽然起源于日本海啸，而海啸所引发的核危机却可以波及全世界，从一个领域扩散到另一个领域，受影响的已远不止日本一国。

在这场危机中，除了挣扎与拯救的主题之外，人们还是会在日本人的行动中感受到某种不同的东西，除了反思核工业的安全问题之外，也开始拷问自己价值追求的根本问题，开始重新认识文化的力量，重新确认人们的生活方式和价值取向，在面对危机的时候所起到的至关重要的作用。的确：

- 不管你是否注意到，文化其实遍布你的周围。文化会影响个人生活和工作生活的许多方面。
- 文化深深根植于人们的内心，文化影响人们的判断，人们已经习惯一些做法，文化因此常常被忽略但又在关键的时刻发挥作用。

文化之义

从 1967 年到 1973 年，霍夫斯泰德在 IBM 这家大型跨国企业中进行了一项大规模文化价值观调查。他和他的同事们对 IBM 公司的各国员工先后进行了两轮问卷调查，用 20 种不同语言在 72 个国家发放了 116 000 多份调查问卷并回收了答案。调查和分析的重点是问卷回答中各国员工价值观上表现出来的国别差异。

1980 年，霍夫斯泰德根据这项历时多年的调查研究，发表了《文化之重》(*Culture's Consequences—International Difference in Work—Related Value*)，提出了能够对企业管理产生重大影响的文化差异的四个指标，即权力差距可接受程度的高与低、防止不确定性的迫切程度、个人主义与集体主义及男性化与女性化。他认为，这四种文化指标或因素对于管理中的领导方式、组织结构和激励内容，将产生巨大影响。后来，霍夫斯泰德又结合中国文化特点，加入了“长期导向与短期导向”这一指标。

首先，对企业领导方式影响最大的因素是“个人主义与集体主义”及“接受权力差距的程度”。他认为，美国是个人主义至上的国家，因此美国的领导理论以领导者追求个人利益为基点。然而美国的领导理论并不适用于第三世界各国，因为这些国家属集体主义社会，职工关心群体，希望从群体中得到保障，并且愿意以对群体的忠诚为酬报，而“接受权力差距的程度”直接影响到实现职工参与管理的情况。法国和比利时“接受权力差距的程度”很高，因此人们通常没有参与管理的要求，而美国“接受权力差距的程度”处于中间状态，因此企业中存在参与管理，但有一定限度。

其次，对企业组织结构影响最大的因素，是“接受权力差距的程度”和“防止不确定性的迫切程度”。这是因为组织的主要功能，就是分配权力以及减少或防止经营中的不确定性。法国“接受权力差距的程度”较大，又迫切要求防止不确定性，因此倾向于“金字塔”式的传统层次结构。原联邦德国虽有较强的防止不确定性的心理，但“接受权力差距的程度”较小，因此注重规章制度。美国、荷兰、瑞士等国接受权力差距的程度处于中间状态，因此在这类国家中是各种组织并存。

最后，对企业激励内容影响最大的因素是“个人主义与集体主义”“防止不确定性的迫切程度”和“男性化与女性化”。对于美国这样个人主义程度很高的国家，激励方法多从个人出发，以个人的自我实现和个人获得尊严作为激励的主要内容。而对于日本这样集体主义程度较高的国家，激励就需要着眼于个人与集体的关系，过分奖励个人往往行不通。美国人倾向于“男性化”，所以适于将风险性目标或高竞争性任务作为激励的内容。日本和法国虽然也倾向“男性化”，但“防止不确定性”的心理较强，因此分配一种无危险才安全的工作岗位就成了激励因素。荷兰和北欧各国的价值观倾向于“女性化”，防止不确定性的心理又较强，因此应以维护良好的人际关系作为激励因素。

通过大量研究，霍夫斯泰德得出了这样的结论：管理不是处理具体的东西，而是处理对人有意义的“信号”。这种信号是在家庭、学校、社会等文化背景下形成的，因此文化渗透于管理和组织的全过程。

因此，我们不得不回归到文化的认识上来。文化从定义上来说是非常丰富的，不同的国家、不同的民族，甚至不同的时代，对文化都有着不同的诠释，但是在所有的诠释中，最可以让我们理解文化内涵的定义是：**文化是人群为了生存而对环境做出的适应方式**。这个定义非常明确地界定了文化，我们可以从以下三个角度去理解。

文化是生存方式并无高雅低俗之分

一个朋友讲述了他的经历。1988 年他到美国去求学，生活了一段时间后，决定开始谈恋爱。同事介绍了一个女生给他，晚上两个人约会，聊得很开心，到了很晚时候，他送这位女生回宿舍，路遇一个红灯，因为已经是深夜，同时路上并没有任何行人和车辆，他为了赶时间，就没有按照信号灯显示的情况驾驶，结果这位女生因为他不遵守规则这一点放弃他。之后的日子里他还是没有找到合适的伴侣，一直到 2000 年回国，国内的朋友又给他介绍女朋友，两个人也是聊得很不错，同样是到了深夜，依然是他需要送女生回家，也是同样遇到了红灯，同样是没有车和行人，但是这一次他习惯了按照信号灯的显示来行动，结果是这位女生认为他太古板，选择放弃了他。他发现自己都没有做对，如果他刚好做了相反的行动，结果一定会不同，其实这是两地的文化所导致的人们生活方式不同而已。

文化就是这样，也许很多人无法说清楚它是什么，但是人们很清楚如何生活，以及如何安排自己的行为符合文化的要求。在美国文化下长大的人，会更关注自我实现、实用主义以及挑战自我，但是在中国传统文化下长大的人会更注重融入集体、组织实现以及如何符合大家的要求，这些不能说好与坏，只是必须符合文化对于大家的要求，因为只有符合文化的要求，你才可以存活下来，也就是文化是一种生活方式。

因此，这就要求人们以文化认知来生活，而不是按照自己的习惯或者意愿来生活，因为后者是无法做到的。在现实生活里，一些人之所以觉得无法与世人融合，觉得与社会格格不入，更大程度上是文化上无法认同。很多时候人们会认为自己决定自己的生活，但事实是文化决定人们的生活。就如今天很多人并不喜欢这样快速生活但是又不得不快速生活一样，因为今天的生存方式就是快速的变化，技术的巨变所带来的生活方式的快速变化，需要每一个人去适应。文化既然是人群的生存方式，也就不分高低、不分好坏了。曾经有一段时间，认为西方的文化较之东方的文化会好一些，其实是一种极其错误的认知。

在现实生活中，这样的误解常常存在。2007 年前后有一个现象非常有意思，这个现象被称之为“学术超女、超男的于丹和易中天”，因为于丹和易中天两个人都是大学教授，又因为是被众人追捧的明星，加上探讨的是《论语》和《三国》，结果很多人开始评论，一部分人喜欢，一部分人认为太庸俗了，没有品位，没有文化，甚至有 10 位博士联名抵制，公开批评，媒体上大大热闹了一阵子。该如何看待这个现象呢？其实之所以出现这个现象，就是因为人们习惯认为文化有高雅、低俗之分。认为大学教授谈论的《三国》和《论语》，就该是高雅之说，而不应该成为通俗的明星，成为通俗的明星就不该是大学教授，也不该是国学。

但是，如果真的了解文化，就该理解于丹和易中天的方式恰恰是中国人现在能够重回《论语》和《三国》状态的一种最合适的方法，而不是其他教授所追求的学术性论文和演讲，也不是那种研究性的论文以及自己的见解。于丹和易中天选择了公众看得懂、听得懂的方式，他们之所以成为学术明星，是因为他们选择的方式就是现在人群的生存状态。如果没有他们，可能还没有这么多人在这样短的时间重新去谈论和学习《三国》《论语》。如果我们仅仅用学术研究的标准来理解这个现象，认为教授就应该做学术研究而非迎合公众的口味，认为研究论文就是专业的、学术的，而目前于丹和易中天的方式就是太庸俗了，这些看法本身是极其错误的，因为文化没有高雅、低俗之分，文化就是一种生存方式。很多读书人觉得自己生活的状态不好，认为自己不该活成这个样子，但是如果读书人自己习惯性地把知识和专业变成与生活有着一定距离的状态，自以为这是维护学术的专业性，维护知识的高度，那就离这个时代远一点，当然也就陷入了非常郁闷的状态。因为文化本身并没有区隔距离，而是读书人自己区隔了自我与环境的距离，所以会有怀才不遇的感觉和境遇。对于那些强调精英、品位、学位的人，我一直反复强调还是回归到环境中，不要把自己抬高，这样反而显得没有文化了。

文化是对环境的认同并不等同于知识

中国的改革开放有着“真实的文化意义”，我用这个说法，是因为改革开放让中国开始融入国际环境，正是因为改革开放让中国能够认同并利用国际环境，正是因为改革开放让中国能够加入 WTO，能够站到世界的舞台上展示自己的成长和变化。所以当中国人能够改革观念融入环境的时候，中国也具备了今天全球环境下的生存能力，而且也正是这样，中国寻找到属于自己的生存方式，并且得到世界的认知和认同。如果我们把文化看成是一个非常独立的状态，不明白文化就是一种理念、一种生存方式，就是对环境的认同和认识，那么中国就不可能融入全球，也就无法获得真正的竞争力。1979 年的中国从经济上开始腾飞，更多人认为这是中国成为经济强国的起点，但也正是这一年，中国开始开放自己，开始以全球的视野来看待自己和他人，开始融入世界并利用世界发展的机遇来发展自己。一方面中国的企业融入国际分工中，另一方面中国市场融入更多的跨国企业，这些努力让中国了解了世界，也让世界了解了中国，所以我更认为这是中国成为现代文化强国的起点，而这也正是文化定义给予我们的又一层含义。

从个体的角度来看，我们更容易了解文化的意义。经历过这样一件事，我所认识的一位顺德的老板，决定收购一家软件开发企业。他去北京收购的时候，希望我和他一起去，我同意了。当我们到了北京的时候，这家公司安排文员到机场迎接，我发现这个文员是一名博士，到了公司才发现从行政主任到总裁，直到董事长都是博士。在会议室里交流了很长时间之后，我明白这是一家拥有很多博士的软件公司，在人力资源上具有独特的优势，只是经营上出了问题，所以需要把公司卖掉。在闲聊的过程中，顺德的老板朋友开玩笑说："陈老师，您知道我为什么一定要请您来了吧！他们都是博士，您是博导，您一搏，他们就都倒了，而我只是小学毕业，我搏不倒他们！"虽然只是一句玩笑话，但是的确说出了问题的实质，小学毕业的老板，比起博士毕业的老板，因为前者更能够认识环境并利用环境，所以获得了更大的成功，而后者相比之下没有获得成功。也就是说，有知识和有文化并不是一件事情，只有能够认识环境并利用环境，才是有文化，单单是有博士学位，也只能够说明具有知识而已，并不能够以此就认为拥有了文化。

常常有学生问："为什么这个老板没读过书，还赚了那么多钱？我把博士都读完了，现在要去他那儿面试，要由他决定要不要录用我。"这些学生觉得很郁闷，遇到这个问题，我往往会很认真地和学生们分析文化与知识的区别。其实学习到博士阶段，只能说明具有了一定的知识，但是有知识并不等同于有文化，因为知识只是可以让我们了解社会，但并不能保证我们可以以此而生存得很好，相反，很多人因为掌握了知识，反而更加远离现实社会，更多地评判社会，批判社会，以至于让自己无法融入社会，这恰恰是因为知识远离了文化。文化则是一种生存方式，具有文化的人，能够认知并认同这个社会，寻找到社会认同的生存方式。也就是说，有文化的人能够知道环境要什么，能够适应环境，并可以利用和创造环境，这就是文化和知识的不同之处。这个老板可能没有博士读的书多，没有博士的知识多，但是他很了解环境，并且能够找到自己适应环境的生存方式，取得成功；对于博士而言，虽然拥有博士学位，但是并没有完全了解环境，也就没有找到适应环境的生存方式，因此目前只能够交由没有读多少书的老板来判断博士的能力。大家需要知道，有知识不等同于有文化，有文化才能够被社会认同并认同社会，就如顺德的这位老板。多年后，这位老板也回到学校学习工商管理课程，因为他开始意识到环境需要知识，小学毕业已经不能够让他认识环境，更加无法利用环境，而他的文化要求他必须回到学校。这个时候，我依然知道，在一个以知识为背景的环境下，他依然是一个有文化的人。今天读书人更需要了解一件事情：很多老板在先有文化之后来学知识，这样他们也成为既有文化又有知识的一个阶层，竞争力更加强大，因为他们再一次寻找到适应今天环境的生存方式。

文化是群体行为而非“精英”概念

文化的定义具有的第三个含义就是，文化是人群为了生存所做的共同的努力，而非个人或者精英所做的努力。在这一点上更需要我们正确的理解。因为大部分情况下，人们会认为“英雄创造历史”“精英代表文化”，这些认知是一种误解。很多时候，推动文化变革，或者更新或创新文化的时候，的确是英雄或者精英起着决定的作用，但这仅仅是启动的作用而已，形成文化的过程一定是群体行为的共识过程，如果英雄或者精英的认识无法成为公众的认识并成为公众的行为，文化是不会形成的。

观察那些具有悠久历史成功的企业文化，也许它们有着不同的经营条件、发展历程，但是却有着非常相似的特点，那就是企业文化是全员的行为共识而非创业者或者老板的文化。这些公司认为：只有把员工看成是公司的成员，员工才能真正成为公司的成员。因此，员工的参与便成了形成企业凝聚力的基本要求；也因为此，这些公司员工一同来讨论企业的发展目标，一同来探讨管理的体制，一同来实施经营的策略，一同来找寻解决企业所遇到的难题的方案，一同来分享公司的成果。如福特公司正是员工的参与，才使得公司的各项制度和计划及方法相互充实、相互协调地聚集在一起：统计质量管理方法受员工参与计划的充实；员工参与计划受参与性管理培训计划的充实；管理参与性计划受以参与性管理技巧为基础的提升标准的充实。沃尔玛公司让级别最低的雇员都能看到所有的财务报告，这个细节发出的信号是："你是公司合伙人，我们要你像经营自己的小企业一样经营你的部门。"

这些公司做到了让企业与员工形成了共同的理念，与企业成员共同"编织"企业的共同愿景。我们可以将《孙子兵法》所总结的五种影响战争胜败的因素理解为影响竞争胜负的因素，这五种因素即"五事"：道、天、地、将、法。其中，"道者，令民与上同意也，故可以与之死，可以与之生，而不畏危"。从"道"的意义上看，企业的员工能够具有依此为统一的意志，并为之合力奋斗，共经患难。

这些公司让员工具有了"目标认同与自我超越"的能力。"自我超越"虽然以磨炼个人才能为基础，却有超乎寻常的能力，自我超越的意义在于创造，而不是反映观点，因此自我超越是与目标认同结合在一起的。高度自我超越的人具有共同的基本特质。他们对目标和愿景所持的观点和一般人不同，对他们来说，目标是一种召唤及驱使人向前的使命，而不仅仅是一个美好的构想。"自我超越"可以让人们认清当前的形势，知道理想与现实的距离，并能够把目前的真实情况看作盟友而非敌人。他们学会如何认清以及运用那些影响变革的力量，而不是抗拒这些力量。"自我超越"能够激发员工个人对于生命崇高意义的追求，企业应该以此作为其存在的目的之一。反过来，这对于提高企业的凝聚力有极大的作用。所以，我们看到的这些强大的、可以持续发展的公司都是以员工的共识来体现自己的企业文化，而不是以创业者或者老板来表现自己的企业文化。

文化的象征性和载体

刚刚留校做大学老师的时候，我决定为同学们讲授一门新课“公共关系学”，并希望把这门课列入全校选修课，让工科的学生也可以有机会了解到新的交叉学科。学校给予我极大的支持，纳入选修课程并下发了选修的课程通知到所有的工科专业。因为这门课在当时的广东乃至全国都是时髦的课程，所以我认为会有很多学生选修这门课程，便要求安排一个可以容纳 200 人的教室。可是没想到，真正上课那天就只来了 20 个人。虽然很失望，但是我还是非常认真地讲授，课进行到一段时间之后，200 人的教室里坐满了人，走廊里也站满了人，学生们开始要求进入选修名单。我问他们为什么开始不选这门课？他们说：“陈老师，我们说了您别生气，我们看了教务处的通知，公共关系学很时髦，主讲教师陈春花，名字很土。这么土气名字的一个人肯定讲不好这门课，所以就不选了。”我没有想到自己的名字还有这样的功效，很多人都认为这是一个乡下人的名字，乡下来的人就无法讲授时髦的课程，学生们就这样下了判断。到了现在，我上课问学生：“看我的名字你们会想到什么？”结果大家说：“很好，很土，名人的名字一般都很土！”同一个名字，为什么会有截然不同的两种判断？这就是文化的一个特点。其实这只是一个名字，按道理说它不代表任何东西，但是事实上我们都知道名字又代表着很多含义，而这个含义通常就是文化赋予的，正是在这个意义上，文化是具有象征性的，是借助于载体来表达的。

文化具有象征性和载体，看看下面的例子，用象征性和载体来区分美国文化、日本文化、中国文化这三国的文化，是非常容易让人理解的事情。美国文化可以用桥牌作为载体来理解，如果把桥牌理解透了，就可以把美国文化理解好。桥牌游戏主要就是两个规则，一个就是抓到牌之后再定目标。所以美国不会自己单独去做事情，它一定会寻找到资源再决定如何设定目标。桥牌的第二个规则就是合作双方非常默契。在合作的时候不会有任何其他的想法，他们严格遵守“当下”的概念，所以对于美国而言，“有用的就是合理的。”这也是美国哲学的基本思想。日本文化可以用围棋作为载体来理解。了解日本文化，可以从理解围棋开始，围棋只有黑子、白子，每一粒子没有任何意义，黑的、白的，就两种。但是如果在棋盘上布局，你会发现围在一起的每一粒棋子都能够置你于死地，绝对让你没有任何的机会，这是围棋的特点。中国文化可以用麻将作为载体来理解。麻将的规则主要是鼓励自我成功，并不鼓励合作。麻将最让我担心的地方是：当玩牌的四个人都不成功的情况下，四个人都高兴，因为可以重新洗牌重新开始。也许这就是我们文化中劣根性的来源。

其实对于环境不断变化的今天，我们能否形成自己的现代文化成为关键。正是从文化具有象征性和载体这个角度看，让人非常担心。在今天的社会环境中，经济社会的象征性和载体是企业，也就是谁具有影响现代社会的企业谁就具有了形成现代文化的载体，因此，美国有现代文化，因为有微软、IBM、可口可乐、通用汽车、通用电气。日本也有现代文化，因为它有丰田、本田、松下、索尼。现在甚至可以说连韩国都有现代文化，因为它有三星、LG。那我们呢？中国还没有企业能够如前面所列举这些企业那样影响现代社会，能够成为全球行业运营的标杆，能够创造出引领世界的规则和技术，能够影响世界范围内的消费群体行为，所以中国没有承载现代文化的企业载体。也就是说，中国企业目前还没有现代文化，这是一个令人非常痛心的现实，也是令中国在价值观中如此混乱的原因之所在。

因为文化具有象征性和载体，所以文化绝不会是“虚”的东西。一定有东西承载文化才会表现出来。就如中国的传统文化，为什么那么强大？不仅是因为四书、五经，不仅是因为孔子、老子和佛教，更是因为中国的文化具有强大的载体！中国的丝绸是全世界最好的，中国的陶瓷是全世界最好的，中国的文房四宝，中国的造纸术、印刷术，中国的茶叶……这一切承载着中国文化往外走，影响到世界的各个角落，这些技术和产品所到之处就是中国文化所到之处，世人因为这些产品知道了中国文化。中国今天欠缺的正是承载文化的载体：没有能够影响世界的产品和技术，中国文化无法具有载体从而被世界认知。我们因为可口可乐、苹果手机认识美国的创新文化，因为丰田汽车认识日本的品质文化……这一切都是源于产品，具有全球竞争力的产品和企业。如果有一天，中国的产品是全世界卖得最贵的，卖得最好的，卖得最多的，文化的影响力自然就出去了。文化的象征性和载体，让我们确定：文化从来都不是“虚”的东西，文化很“实”，“实”在其载体上，不要认为只有文字和思想、语言和理念才代表文化，相反，文字和思想、语言和理念仅仅是文化的一个表达方式而已。感受文化、表现文化的根本来源于载体，来源于产品和技术的真实感知，缺少这些真实的感知，文化无从感受，尤其在今天这样的经济社会，产品就是文化载体。

思维是文化的基本属性

俗语说“性格决定命运”，的确如此。性格一旦形成就很难改变，导致命运无法改变。但是，很多人不知道这句话还有背后的逻辑：播种一种观念，收获一种行为；播种一种行为，收获一种习惯；播种一种习惯，收获一种命运。观念又是由什么形成的呢？由思维形成，而文化决定思维，文化的魅力就在于此。

文化之所以重要，就是因为文化决定思维方式。一个人的思维方式确定后，就决定了他的行为选择，行为选择形成习惯，最后变成性格，最终决定了命运。看看中国的改革开放，我相信所有人都会感受到文化的巨大作用。邓小平先生最伟大的地方就是改变了中国人的思维方式，他知道中国人比较喜欢讨论，不行动；他也知道中国人比较谨小慎微，不敢冒险；他更知道中国人比较保守，不太愿意变化。所以在改革开放的初期，邓小平先生要求人们改变观念，改变思维方式。他首先告诉大家“清谈误国”，之后提出“实践是检验真理的唯一标准”，提出“猫论”即“不管黑猫、白猫，抓住老鼠就是好猫”，提出“摸着石子过河”的观点……当人们在观念上、思维方式上做出了彻底转变的时候，最终的结果是中国以及中国人的命运随着改变了，彻底改变了。所有人都想不到改革开放 30 多年的时间中国会取得如此巨大的成功。

思维作为文化的基本属性，思维方式又是极其重要的，因为它决定行为的选择。这就需要我们了解中国传统文化下所形成的思维定式，以此来理解为什么在现在变化的环境下，需要改变人们的思维方式，因为在全新的环境下所要求的思维方式和中国传统文化下形成的思维方式有着很大的区别。

中国传统文化下的思维方式

我们先来了解传统文化下中国人的思维方式的特质是什么。概括说来是四种主要的思维方式。

辩证思维　辩证思维是指看待任何事物都是一分为二，从正反两个方面来看，是具体问题具体分析。这种思维方式强调全面地看待问题，这与中国传统文化推崇中庸有着直接的关系。因为中庸的思想，导致中国人对待任何事情，都不会偏激，不偏不倚，不会忽略哪一方，基本上是一个折中的判断和选择。为了解决问题，这种思维方式会要求做到具体问题具体分析。这种思维方式的好处是比较综合和全面，能够顾及方方面面的利益，但是缺点是没有明确的标准，甚至可以说是没有立场，没有明确的判断，在所谓顾全大局的概念中丧失了基本的原则和标准。

形象思维　形象思维是指在看问题的时候都要有具体的形象参照，都需要看到实际的结果或者效果，都需要一个可见的形式来判断。这种思维方式为中国人的学习和发展提供了非常好的帮助。在改革开放初期我们就是模仿学习，才逐步形成自己的竞争优势。容声冰箱的创始人潘宁先生就是从香港买了一台冰箱，和12位工友把冰箱拆开，发现除了压缩机不能做，其他都可以做，所以进口压缩机，再配合自己做的其他东西，第一台国产的容声冰箱就此诞生，并缔造了一个科龙集团，使之成为中国最早、最大的冰箱生产基地。何享健先生也是从模仿生产一台风扇起家，今天的美的集团已经是1100亿元销售额的全球白电前三名的集团公司。甚至美国人会担心，只要是让中国人看到的产品就不会再属于美国人，这种担心也正反衬出中国人形象思维的能力。问题是，在一个以网络技术、信息技术为核心的知识社会，很多现象无法用直接的形式或者形象来展示，我们已经无法模仿和学习，很多东西并没有具体的形象为我们提供可见的模仿形式，更多的是信息、虚拟已经未知的变化，如果我们还是选择形象思维的方式，就无法适应这个时代。比如说创意工业，用什么想象来表达呢？用什么方式来看呢？美国现在提供给世人的绝对不是设备和产品，它提供的是创意和设计，把冰箱卖给你，你拆了冰箱之后还能做出来，把创意卖给你，恐怕就无法拆开来学习了。

宏观思维 宏观思维方式是指从大局和整体的角度思考问题。例如中国人对于空间的表达方式和西方刚好相反，空间上，中国人习惯了从最大的空间开始标注，之后是省、市、区，最后才是街道、门牌号码，而西方是最先表达门牌号码，之后是所处的街道、所处的城市、所处的国家。这种思维方式最大的特点是人们习惯于思考大的问题，思考全局性问题，但是忽略自己身边的问题；这种思维方式的另外一个特点是只关注思考，而非解决问题和行动。所以形成了中国人非常明显的一个特点：很多人都是关注大局，但是没有人愿意关注细节。虽然细节决定成败是所有人都明白的道理，但是中国人就是无法把细节做好。很多时候中国的产品缺失的恰恰是对细节的把握，而究其原因就是宏观思维的方式决定了人们的行为习惯，不会处理细节，不愿把细致的部分做好。更可怕的是，很多人具有这样的思维方式之后，也就养成了只是思考大局而不愿从小事做起的坏习惯，通常都是站在更高的层次上来思考问题和分析问题，所以在中国常常会有“假如我是市长”这样的题目出现，虽然现在也开始强调从小事做起，鼓励人们多元选择，肯定不同职业的价值。但是大家依然喜欢从大局入手，解决大问题，这样的思维习惯常常导致“眼高手低”的情况出现。

过去、未来时思维　人们对于时空概念的认知是思维方式中必须包含的内容，过去、未来时的思维方式是指对过去念念不忘，对未来充满信心，但是忽略现在的思维习惯。具有这种思维方式的人在思考事情的时候，首先会想念过去，会不自觉地回到过去寻找依据和标准，比如中国人会把五千年的灿烂文明、“四大发明”、丝绸之路等反复强调，以彰显曾经的辉煌；其次就是关注未来，总是描述理想、未来和明天。这样的思维习惯导致人们沉迷过去或者幻想未来，但是回避现实，这其实是一个非常可怕的现象。很多时候人们喜欢介绍自己过去的成绩，设计未来的理想，这些并没有什么不好，但是相对于行动而言，现在是更重要的，因为只有每一个现在都做好了，才会不断地拥有灿烂的过去，以及光明的未来。如果只有过去、未来时的思维方式，就会导致好高骛远或者逃避责任。可能大家会认为我夸大了这种思维方式的负面作用，但这是一个事实。

以上所概括的四种思维方式，并不能够全部表达中国传统文化下的思维方式，但是从一个侧面让我们了解到中国人固有的思维方式是什么样子的。在此基础上，还需要了解今天的环境对于思维方式的要求是什么样的。如果需要认识并利用环境，那么在思维方式上我们需要做出什么样的调整？

今天环境所需要的思维方式

文化要求人们必须适应环境，与环境的趋势相一致。面对今天的环境，传统文化所形成的思维方式会显得不太适应，那么什么样的思维方式才可以适应今天变化的环境呢？我概括为以下四种。

创造性思维 当技术和信息导致全球化到来的时候，环境最主要的特征是变化，不可预测和不确定性成为环境的基本形态。在这样的环境下，经验已经显得毫无力量，甚至我们不能够判断对或者错，整个世界不再是黑色或者白色，有人称之为“灰度”，不是非此即彼，而是全新的、从未遇见过的、巨大而复杂的。正如宏碁创始人施振荣先生所说的那样，技术带来的复杂性远超过它的巨变性，的确如此。这样的环境下，创新成为关键要素，只有创新才能够让人们不断地面对变化和承受变化。借助于创新可以面对不确定性，可以用全新的视角来理解环境，这就需要人们具备创造性思维能力。借助于创造性思维，人类在过去的 50 年间里发现和驾驭自然的力量，超过了此前全部人类历史时期的总和，太空漫步、海底穿行、生命奥秘的解构，几乎我们开始了人类前所未有的一个崭新的历程。通过创造性思维能力，人类的智慧可以无限扩展，“预感”和“灵感”就是通过这种能力获得的，所有基本构想或新构想也正是通过这种能力产生的。我非常喜欢电影《阿凡达》，惊讶于视觉冲击的同时，更加震惊的是这部电影所表现出来的想象力和对未来的理解。它虽然只是一部电影而已，可是通过创造性的安排，人类感知到自己的渺小和狭隘，也感知到不可知世界的一切，这就是创造性思维的魅力。

系统思维 系统思维就是从整体出发，整体最大原则，要求每一个部分能够服从并协同整体。同样因为技术，整个世界连接在一起，无论在什么条件下，每个部分都无法独立存在，有人称之为“全球化的困境”，但这也是我们今天需要面对的一个环境特点，用 IBM“智慧地球”的观点来表达更能说明这个特点。“智慧地球”的核心是以一种更智慧的方法通过利用新一代信息技术来改变政府、公司和人们交互的方式，以便提高交互的明确性、效率、灵活性和响应速度。如今，信息基础架构与高度整合的基础设施的完美结合，使得政府、企业和市民可以做出更明智的决策。智慧方法具体来说以如下三个方面为特征：更透彻的感知、更广泛的互联互通、更深入的智能化，这三种方法就要求地球具有系统思考的智慧。今天环境的特点需要人们有更加明确的整体最大的原则，一切服从于整体的原则。随着时代和技术的进步，多元的价值和文化更加明显，但是普世价值的要求，整体原则的要求会超越于以往任何一个时代，因为任何超越整体的想法和做法都会导致整体环境的伤害，从而使得局部失去生存的环境。更典型的现实是“全球气候”，因为人类之前没有形成系统思维的习惯，对于自然环境采取了掠夺性的使用，让人类这个局部侵占了自然这个整体，结果就是今天的地球必须为过去的行为付出代价。如果我们再不强调系统思维，那么地球也许就不可能具有明天。所以重要的不是自我、不是局部，而是整体、是系统，只有所有的人都符合整体的要求，符合系统协同的要求，我们才有机会在今天的环境里存活。

微观思维　微观思维是相对于宏观思维而言的，它更强调的是解决现在的问题。微观思维和宏观思维的区别是什么？如果仅仅是从范围和程度上来认识，微观和宏观的思维方式我们都需要，但是当强调微观思维的时候，更重要的是强调如何解决身边的问题，如何从身边、从自我的行动开始，所以微观的思维方式就是解决现在的问题。解决问题、提供方法，这是与宏观思维之间很大的不同，正如上面所言，宏观思维更强调回避现实，而微观思维更强调面对现实，解决问题。今天之所以强调微观思维，究其根本是因为信息巨变，如果不能够快速地回应，快速行动，其实是无法面对现实的。中国传统文化中本身是具有这样的特质的，前人告诫“不积跬步，无以至千里”“千里之行，始于足下”“滴水穿石”“不以善小而不为，不以恶小而为之”，等等，这些古训所表达的都是要求我们以微观思维来约束自己，并指导自己的行动，只可惜我们反而忘记了。

现在时思维　现在时思维方式要求我们立足于现在，从当下开始。现在才是你的所有，过去不是，将来也不是。上课的时候我问过很多同学三个词，让大家写出自己的感受，这三个词是“过去”“现在”“未来”。同学们给我的答案是：过去是美好的回忆，未来是光明的未来。对于现在，同学们好像觉得没有什么可以描述的，现在就是现在，没什么可说的。这样一个简单的问题，却能够折射出同学们的基本情况。这样的答案表明，同学们对过去、未来都有认识和期许，但是往往忽略了现在。如果强调过去，其实是懒汉，因为对于过去的东西耿耿于怀，对于已经取得的成绩念念不忘；如果强调未来，把所有的期望都放在将来，其实是懦弱，因为不敢面对现在，把一切都推到不可知的未来，是在寻找借口，逃避现实。唯有现在才是强者。真正能够把握的其实只是现在，所以我一直很喜欢的一个口号是：从我做起，从现在做起。“当日事当日毕，日清日高”是海尔的管理理念，张瑞敏到底为海尔带来了什么？仔细研究海尔的文化，就会发现张瑞敏给海尔带来了一个员工的好习惯：每一件事情必须在当天做完。当他每一天都做完事情的时候，每一天就会进一步，所以叫日清日高。这就是海尔最值得骄傲的东西，海尔也因此成为中国优秀的公司之一。

这四种思维方式是目前环境所需要的思维方式，如果和中国传统文化下所形成的思维习惯做比较，不难发现中国传统的思维方式与环境有着极大的差异，而这也是我们需要面对和正视的差异。我不能够说中国传统文化下形成的思维方式不好，因为文化没有好坏之分，但是我需要大家理解这样的差异，同时更要知道如果我们还是习惯于自己文化所形成的思维方式，在今天的环境里判断，那么就一定是出问题了。因为今天环境所需要的思维方式和我们传统的思维习惯完全不同，我们需要做的是尽快调整自己的思维方式，学会创造性思维、系统思维、解决问题并面对现实。某种意义上说，调整思维方式是今天最为迫切和重要的事情，因为这决定着我们是否拥有现代文化，是否可以和环境互动，是否有能力认识环境，从而可以利用环境。所以一定要养成这四种思维方式，否则我们还生活在传统之中，而非面对现实和未来。

文化决定行为选择

也正是因为文化的基本属性是思维方式，而思维决定行为选择，所以文化决定行为选择。借助于文化的方式，可以理解为什么在日常生活中，人们总是有着一些共性的行为，虽然这些行为大家都觉得需要调整，甚至抛弃，但还是存在于现实生活中，根深蒂固，因为这些行为是文化的选择。几千年的中国历史让我中华民族非常富足，无论儒家文化，还是道家文化或佛家文化，作为中国传统文化的三个主要构成部分，都是积极入世、关心世事。儒家强调内圣外王，君子当自强不息，道家强调以无为而有为，佛家强调立地成佛，普度众生。中国的传统文化一脉的精髓就是“国家兴亡，匹夫有责”。传统同时也让我们承袭了糟粕，典型的就是封建意识，从近代开始，中华民族就一直希望可以破除封建意识，但是经历了这样漫长的努力，封建意识依然残留在人们的思想中，折射在行为上，的确让中国人有着另外一种状态，具体表现在以下几个方面。

重讨论、不重行动

中国人喜欢讨论和研究，喜欢寻找问题，喜欢评判和发表看法，但是不愿意做出承诺和行动。举个例子，在会议中如果需要发言的人承担责任，大部分情况下人们就不发言了，但是如果不需要负责任，发言的人会非常踊跃；如果需要给出方案的人执行这个方案，那么大部分人就不提供方案，因为担心自己被安排去执行这个方案；更多的情形是，每个人都谈论与自己不相关的问题，并给出很有价值的建议，但是一定回避自己需要面对的问题。上述三种会议行为是非常普遍的现象，所以你会发现在现实中人人都会发现问题，但是人人都躲避解决问题。邓小平非常理解中国传统文化，所以在确定改革开放的时候，他明确地提出“清谈误国”“发展才是硬道理”“实践是检验真理的唯一标准”。如果不是这样明确的指引，很难想象改革开放可以成功。

重他人、不重自己

也许是因为明哲保身，也许是因为中国传统文化中“木秀于林，风必摧之”的道理深入人们的认知，所以中国人比较喜欢用别人作为参照标准，而完全放弃自己的立场或者观点。我曾经在很多场合说过一句这样的话：“在中国，大家都活得很辛苦，因为你用一生一半的时间看别人怎样活，用一生另一半的时间活给别人看，自己该如何活，没有想过。”中国人从来都是以别人为标准的，甚至连年轻的大学生都如此。如果我要求学生在星期五交作业，到了星期四晚上，一个学生问同宿舍的其他 5 位同学是否做了陈老师的作业，如果回答是“做了”，这位同学一定会不睡觉把作业做出来。如果几个同学都回答没有做，这位同学一定是心安理得地去睡觉。其实学生交作业是天经地义的，是自己的事情，但是这位学生的评判标准是别人是否做作业。

重形式、不重内容

2010 年中国 GDP 超过日本成为全球第二，中国人很兴奋，因为美国第一，中国第二。但是如果因此高兴，只能说明我们太在意形式而非内容，因为这个第一、第二之间的差距非常大，不可用第一、第二的形式来看，应关注其内容。第一与第二的差距是根本性的、核心的差距，第二还有意义吗？中国人注重形式而非内容的现象可以说比比皆是：一个人得了二等奖，他会很骄傲地注明一等奖空缺，这样的注明想必是要说明其实我是第一名。但是稍微想想就该明白，之所以一等奖空缺就是因为你没有达到这个标准，一等奖空缺就说明了问题的实质。又如，很多人都关心中国企业进入世界500强的数量。这个数字自然重要，但是更重要的是要看是什么样的中国企业进入世界500强，这才是最关键的。如果能够进入世界500强的中国企业仍然是国资垄断公司为主，那么中国企业的能力还需要客观评价。再如，我们所参与的各种会议，更是形式大过内容，因此常常形容中国是“文山会海”，为什么可以有这么多的会议？因为这些会议都不需要解决问题，只需要开会就可以了，这样的会议仅仅是形式上的安排，并无任何实质的意义。

重权力、不重责任

中国人对于权力的崇拜可以说是到了极致，人们无论是在称呼上还是在行为上都无法淡化权力的概念，如果注重权力能够与责任相匹配也不是什么坏事，只是可惜人们只是关注权力，并不关注责任，典型的例子是在称呼上，中国习惯免掉“副职”。人们只强调职位和权力，并不关心真正承担的责任有什么不同，更多的人喜欢要待遇、要权力，但是不要责任，甚至在社会上流行，做官要做副的，因为这个职位不需要承担重任，但是称呼上却无法区分，感觉很好。中国人对于权力的崇拜甚至可以说是“与生俱来”，这样说有些偏激，但事实的确如此。一个幼儿园的小朋友都对做小班长心向往之，甚至家长也会为此拜托老师，一定要给孩子一个锻炼机会。人们对于权力的崇拜直接导致只对领导者关注，而忽略员工和顾客，用杰克·韦尔奇的话说就是：“每个人都是脸对着董事长，屁股对着顾客。”

重综合、不重分析

在大部分中国人的习惯中，喜欢综合和归纳，因为这样做的好处是不需要表达自己的意见和立场，同时也不会得罪其他人。这个行为习惯最直接的弊处就是决策的不科学性。中国的很多决策都是一个综合决策，一个折中的选择，人们不会做原则性的争论，更不会做严谨的分析和论证，因为人们更愿意选择折中、综合大家的意见。这样，即使是错误的决策，也不会被批评，因为决策的前提条件大家都接受。大部分人不习惯也不希望透彻的分析和判断，只是希望差不多就可以了，严谨的分析会让很多人觉得不舒服，得过且过是很多中国人喜欢的状态，这就导致行为上的退让和折中。

上述五种行为表现，都是源于封建意识，我们一直想调整过来，但是至今这些行为的习惯依然存在。文化决定行为选择，只有封建意识破除的那一天，这些行为才会做出改变，这也从另外一个方面提醒我们，从改变思维方式开始，行动就会做出相应的调整，进而推动文化进步。

正如人们所看到那样，2008 年美国次贷危机引发的全球经济危机，要求人们需要审视的是企业所处的生存环境。20 世纪 90 年代以来，人们越发认识到今天所处的环境是一个动态复杂的生存与发展环境，不但技术日新月异，竞争不择手段，而且危机频发，有类似于次贷危机的经济层面的，也有来自于自然、社会等层面的突发事件与危机。这些危机终究会过去，经过这些危机洗礼的企业要掌握一套能够在 21 世纪新环境下生存和发展的本领。

世界上一切资源都可能枯竭，只有一种资源可以生生不息，那就是文化。

——任正非

02

第2章 企业文化的认知

经历了30多年的快速发展，中国企业具备了自我发展的能力和基础，但是当我们把自己放在更广阔的市场中、更高的技术背景中与世界领先的企业竞争的时候，我们不得不承认还有很大的距离，也不得不承认以下所面对的事实：

- 中国的企业面临着有史以来最巨大、最易受损的变化。当今企业经营者所面临的最大挑战，恐怕就是在变动迅速的经营环境中为企业谋求生存与发展的机会。基本的原因在于：过去证明有效的许多方法，现在很多都失去了作用。
- 世界正以前所未有的力量来否定自身。传统的甚至仅仅是昨天还被视为经典的东西，如今已经被扔进回收站。无论是人还是企业都脱离了传统的概念：企业中的人和人的空间（企业）都成为一种理念，因此企业必须进行文化的革命。现代的人和现代的企业都要勇敢地拥抱失败，要有强烈的求知欲，热衷于行动，富有好奇心和创造力，乐观激进，永远变革。
- 这一个世纪的管理环境和市场与经验相去甚远，市场、技术、人才、空间、速度都发生翻天覆地的巨变。而人只有不断重新开始，用新的思维、新的意识、新的知识和技术——用全新的自己来面对这个世界，才能在这个时代生存。

- 从威廉·大内的《Z理论》到彼得·圣吉的《第五项修炼》，企业的价值观在管理理论与实践中占有越来越重要的地位。企业价值观在现代企业中的地位变得如此重要，其根本原因是：企业的真正存在并非是资财的积累、规模的扩大，而是其文化、精神的存在，一旦企业失去了后者或者是形成了某种病态的文化，不论其当时的市场、社会利益如何，不论其在公司庞然大物中的座次如何，很快都会陷入公司的危机之中。危机不是原因，而是结果。

成功之后衰败，创新之后怠惰——此模式长久以来普遍存在于各行各业中。这不是地域的概念，而是全球性的通病。因此，若想拥有永久的成功，必须变革文化。这些道理大家也都很懂，做不到的原因是，人们没有对文化的清晰理解。

1995年，华为公司的规模迅速扩大，面对一片大好的发展形势，公司总裁任正非慷慨激昂地写下了华为的"精神纲领"：秉承毛泽东搞两弹一星的气魄和决心，响应党中央科教兴国的伟大号召，跟随五中全会跨世纪的宏伟规划，在改革开放的基础上，独立自主、自力更生地建立和发展华为产品体系。学习老一辈革命家、专家团结一致、艰苦奋斗、奋发图强的精神，努力赶上和超过世界先进水平，以充分满足用户的最高需求。用建立在国家文化基础上的企业文化，黏合全体员工，集体奋斗，为伟大祖国的繁荣昌盛，为中华民族的振兴，为自己和家人的幸福而不懈努力。同年9月，华为公司围绕着"纲领"的精神发起了"华为兴亡，我的责任"的企业文化大讨论。当时视察过华为的上级领导对此称赞有加，可是任正非逐渐发现，干部员工也常把企业文化这个词挂在嘴上，但到底企业文化是什么，谁也说不清。于是由宣传部门出面组织了几次企业文化辩论会。辩论下来人们才发现，原来任正非赞同的观点往往与多数人不同。比如，有创业者提出“有福同享，有难同当”的观点，就被任正非批为封建意识，不少干部员工都很困惑。相信这件事对任正非的触动是巨大的，这也间接成为后来华为制定《华为基本法》的一个动因。

的确，企业文化是什么，这是需要全体员工清楚的问题，如果员工的理解和领导者存在着差异，按照文化的定义，企业文化并没有形成，一个没有共识的文化就不可能带来共同的行为。很多人认为有企业的地方就应该有企业文化；也有人认为企业文化就是老板文化，有什么样的老板就有什么样的企业文化。这些理解对吗？其实都是错的，那么企业文化到底是什么？企业文化是如何形成的呢？这些问题都需要明确的理解和确定的认知。

起源于竞争力

企业文化的出现源于日本经济的崛起，20世纪80年代中期，当美国还认为自己是全球经济最为强大的国家的时候，日本的汽车和电子产品，长驱直入美国以及全球市场。索尼、丰田、本田成为美国家喻户晓的品牌以及美国大众购买的首选品牌，就连被美国人称之为美国精神象征的哈雷摩托，也无法抗衡本田所生产的小小家用摩托车，甚至有一个日本商人想购买一座有美国四位总统头像的山运回到日本，为日本人了解美国而设立一个公园。

此时此刻，美国人不得不接受这样一个事实：20世纪80年代中期开始，日本企业竞争力的确成为世界第一。这个事实给了美国企业界和管理学研究领域极大的震动，同时也引发了美国研究日本的热潮。要面对在美国本土市场与日本企业的竞争，面对在国际市场与日本企业的竞争，这样的挑战促使美国研究日本为什么会成功。美国派出众多的学者到日本研修，了解日本并研究日本，包括最著名的管理大师彼得·德鲁克、迈克尔·波特等。这些学者和专家，对于日本成功的原因从不同的角度进行总结，得出很多有意义的结论，其中代表作品有《日本为什么成功》《Z理论》等，甚至更早期出版的《菊花与刀》也成为这一时期的畅销书。美国学者通过在日本的实地研修以及深入的研究，找到了日本为什么成功以及日本企业的竞争力为什么会排在世界第一背后的关键支撑。美国学者发现，日本企业具有一种特殊的元素是美国企业不具备的，这个元素被美国学者确定为“企业文化”。

企业文化作为企业管理与经营的概念诞生于20世纪80年代中期，源于对竞争力来源的理解。在这之前，企业管理领域并没有企业文化这个概念，如果不是日本企业的成功，不是美国遭遇日本企业的强力挑战，企业文化这一概念还不会如此迅速地成为企业管理的核心话题。因此，企业文化首先是在日本企业的实践中总结出来的，其次，企业文化是基于竞争力派生出来的，如果没有日本企业的强大竞争力，也就不会出现企业文化这个概念，所以带来竞争力的一个核心元素就是企业文化。

到了20世纪90年代初期，日本的外务省大臣还宣布说，日本企业是不可战胜的。但是从1993年开始直至现在，世界企业竞争力排名美国重新回到第一的位置。我们再来看看美国企业是如何夺回第一的。在了解了日本企业成功的缘由之后，美国开始全面的企业再造过程，在企业再造过程中，美国企业打造属于自己的企业文化。大部分人在理解企业再造的时候，总是简单地理解为流程再造，但是企业再造没有企业文化重塑，没有人们行为和理念的彻底改变，流程再造并不能使得企业再造。所以，美国企业再造，从更根本的意义上来讲是企业文化再造，在这个过程中，美国企业形成了属于自己的全新的企业文化。这一过程可以用三本书来描述：《第五项修炼》《巨变时代的管理》《管理的革命》。从这些书中你可以感受到美国企业文化的特质，那就是变革与创新。这就是美国企业在1993年之后又重新获得企业竞争力世界第一的原因。美国企业在内部形成这样一种文化氛围：持续变革和创新，凡是变革的和创新的大家接受；凡是不变的，不肯创新的，就要被淘汰。变革与创新成为美国企业获取竞争力的制胜法宝。

美国在了解了日本企业成功之后搞懂了企业文化对于竞争力而言是绝对关键因素，在日本之后美国企业开始构建自己的企业文化，拥有变革和创新的能力。而今天所处的时代刚好就是不断变化、需要创新的时代，所以美国的企业文化更适应这个时代，使得美国企业在世界上最具竞争力。事实上，企业文化在 20 世纪 80 年代才成为管理的概念，而随后文化所发挥的作用也成为人们关注的焦点。在今天，没有人能够离开文化来谈管理，甚至更多的人会把文化所发挥的作用当成极为根本的元素来考虑。

无论是日本企业在 20 世纪 80 年代中期到 90 年代初期所具有的世界范围内的成功，还是美国企业在 20 世纪 90 年代中期开始直至今日的全球具有优势的竞争位置，都告知人们企业文化是企业竞争力的来源。当企业全体成员都拥有企业的核心价值观，并能够体现在共同的行动中时，企业会具有独特的竞争力，并获得强有力的发展。所以企业文化一定是和竞争力连接在一起的，一个拥有企业文化的企业，一定会拥有竞争力。反过来亦然，一个拥有竞争力的企业，也一定拥有自己的企业文化。

决定经营模式

学生们曾希望我总结日本企业和美国企业以及中国企业的不同，希望能够得到中国企业以什么样的模式成功的结论。虽然直至今天我还没有很好地做出归纳，但是这个问题让我思考了另外一些问题，那就是美国、欧洲和日本这三个区域在经营上的区别，导致了这三个地区拥有了各自不同的发展空间。欧洲地区一直以品牌和精品作为自己的专长，也正因为欧洲的很多企业都是品牌企业，同时贡献许多奢侈品，所以欧洲所选择的服务对象是15%左右的消费者，这是具有极高附加价值的消费区域。是否可以简单地理解为，欧洲成功的原因就是确定为精英消费，或者叫作奢侈品消费。也就是说，欧洲选择消费人群当中15%左右的消费者，以奢侈品作为方向，在附加价值上创造出奇迹。香水、汽车、服装、美酒、手表以及各种个性化独特的生活用品，欧洲所创造出的品牌让这一类人群可以彰显自己的身份以及与众不同的感觉。美国选择了另外一个方向，把技术带来的创新转化为产品，因而美国的成功是把奢侈商品借助于技术得以批量生产，让本来只有少数人可以享用的产品让更多的人能够享用。美国的经营特色就是使奢侈消费成为大众消费，因此美国拥有了40%左右的消费人群。而日本的成功则是物美价廉，日本企业借助于更快的技术转化能力以及独特的成本与品质文化，使得产品能够更加大量生产并且价格低廉，这样就使得大众消费的产品可以普及消费，从而拥有60%左右的消费者。欧洲是面对15%左右的奢侈品市场，精品模式是欧洲的成功策略；美国人把奢侈品产业化，使得40%左右的人能买得起，精品大众化是美国成功的策略；日本人更成功地让这些产品以更低的成本生产并确保品质，这样就使得超过60%左右的人能够购买，物美价廉是日本成功的策略。

也许这样总结不见得合适，但是这说明不同的文化蕴涵着不同的经营与管理模式。欧洲注重人本自由和设计，在此基础上表现出强劲的满足个性特征的差异化能力；美国强调技术和创新，在此基础上表现出强劲的技术产业化的能力；日本强调品质和服从，在此基础上表现出强劲的成本和品质能力。那么中国企业应该采用什么样的策略，同时又是以什么经营特点赢得属于自己的消费人群呢？目前我还无法确定，但可以确定的是：中国企业如果最终取得成功，也同样需要依赖于中国的文化与经营及管理的结合，只有这三者的契合，中国企业成功的模式才会找到。

也许得到这个模式还需要一段时间，我想或许可以用“平民化”来概括。相对于上面谈到的欧洲、美国和日本，中国企业也许应该想办法让

80% 左右的消费人群受益，这样就可以找到自己的成功模式。今天的中国企业还没有找到解决方案，还在学习欧洲、美国或者日本成功的经验，但是一直学习是无法拥有自己的模式的，这也使中国企业一直在困惑中摇摆，有人说向欧洲学习，有人说向日本学习，还有另外一些人坚持应该学习美国。这三种说法都有各自的道理，但是在管理上始终需要明确的是，必须理解自己的经营背景和管理背景。我相信无论向哪一个地区学习，都会有所收获，每一个地域的成功，都有自己很明确的原因，其中非常重要的因素是文化、人们的价值取向以及行为选择。美国一直崇尚变化和创新，日本一直崇尚服从，欧洲一直崇尚与众不同，这些公众的价值取向决定了产品的内涵和管理的风格，也使得经营模式有所不同并取得成效。因此，挖掘中国文化中明确的价值取向，并让公众的价值取向与经营和管理结合在一起，充分发挥自己文化的作用，就一定可以找到属于中国的经营模式。

持续经营的动力

企业的持续竞争力主要不是来自于企业外部，而是取决于企业组织与文化。竞争力不仅应该表现于现有的领域，而且应该具有很高的可持续性。那么，什么样的竞争力才是竞争对手难于模仿而可以持续的呢？主要体现在二个方面：①与特定历史阶段或者特定的历史经历有关的，因为历史是不可以重复的。例如，可口可乐全球化的优势与其在第二次世界大战期间服务美军的历史经历有非常密切的关系。②具有综合性或者体现了综合效能的竞争力。例如，具有强大的发展能力的通用电气公司，其企业文化一直确保公司在竞争环境下进行，企业战略选择是建立在可保持的竞争优势基础之上的，企业获得长期高于平均水平利润率的主要途径是不断巩固和发挥原有的竞争优势。又如，中国家电企业长虹公司，在改革开放之初就依靠政府的扶持建立了资金、成本优势，然后就长期依靠和不断发挥这些优势来获得高于行业平均水平的利润率。可惜长虹公司所具备的规模和成本优势并不是综合优势，在这些优势以外的领域，像海信、TCL、创维等其他竞争对手分别在营销方式、新产品开发等方面创造了新的竞争优势，结果长虹公司面临了市场的冲击，无法再保持市场第一的位置。③根植于特定组织结构和文化的竞争力。不同的企业会在不同的社会文化和历史经历中形成不同的价值观念、管理风格以及与此密切相关的组织结构。根植于组织和文化的竞争力是很难模仿或者学习的。正如当年英国企业学习日本企业的经历一样，最后的结果还是证明创造文化比简单模仿重要得多。IBM 经历了几次大的全球经济危机，但是依然保持持续增长并取得特殊的竞争地位，而这一切都依赖于 IBM 自身的组织和文化所具有的持续性。

面向未来，上述企业所遇到的情况将会越来越多的出现，因为竞争环境的复杂多变和竞争互动的加快将会使竞争优势体现出越来越明显的动态化趋势。动态竞争将改变企业战略的思维力，导致企业必须形成新的思维方式和方法，即新的企业文化，这种应对动态变化的企业文化，可以从三个竞争的特点本身展开：

第一，竞争环境的变化越来越快。因此，企业将主动地不断创造一系列比其他企业优越的、高于平均水平利润率的产品和能力，那些依赖于传统优势的企业，可能落后于竞争对手。如果不能参与制定行业规则或把握环境的变化，企业将和自己原有的优势一起被淘汰。这就要求企业具有自我超越的文化内涵，需要不断地借助于文化自我更新的能力来创造出和环境变化相匹配的能力。

第二，竞争的互动具有越来越重要的意义。因此，在制定竞争战略的过程中，选择竞争对手，分析竞争对手的特性和优势，对于企业来说已成为更加重要的工作。但是，这样的分析需要一个开放的企业文化，需要能够接受、欣赏和容纳的企业文化，向对手学习，通过与对手的比较了解顾客、了解市场，从而获得竞争优势的位置。

第三，高利润主要来源于创新所创造的先动优势。能否确立一种“自灭自新”的态度，即通常称之为“毁灭性创造”的能力具有特别的意义，企业自己及时放弃原有优势和建立新优势将成为能否持续获得高于平均水平利润率的根本标准。因此寻求好机会固然重要，但是是否具有把握机会所要求的核心竞争力才是关键。市场的机会永远都会存在，但是控制机会的竞争确实越来越激烈。如果一个企业没有自足的资源、企业文化和核心竞争力，机会可能变为零。

企业文化的自我更新、开放与学习以及自我超越正是企业可以持续经营的根本动力。今天环境巨大的变化，使得企业在经营中会遭遇越来越多的挑战，而更多的不可确定性和未知，要求企业自身具有应对的能力，而这一切就取决于企业自身的文化适应性。

战略的基石

2003 年，当海尔面临跨国高成本经营的质疑时，当格兰仕面临是否具备核心竞争力的质疑时，当长虹因倪润峰的交班而备受关注时，当国美和苏宁的竞争转移人们对家电制造商的注意力时，美的静悄悄地出台了“美的集团三年战略滚动发展规划”。按照上述规划，美的的目标是成为亚洲最大的白色家电生产企业，到 2006 年下辖四五个产业集团、五六家上市公司，并在不同行业拥有四五个知名品牌；拥有除家电外至少两个行业的支柱产业，在 2005 年确立家电、汽车、机械、电力设备、基础设施行业等多产业发展的格局。美的从没有这样张扬地提出自己的战略。

“实干闯未来”是广东商人真实而传统的心态。商业功利意识过浓，文化底蕴不足是广东民企普遍的现象，何享健所带领的美的集团同样如此，比起其他国内大型企业，甚为低调，少有媒体大规模的曝光或造势宣传。低调带来的好处是稳健、少浮躁、多现实。美的一直保持着稳定的增长，80 年代平均增长速度为 60%，90 年代平均增长速度为 50%。2003 年美的集团实现销售收入 175 亿元，同比增长 30%，其中出口创汇 5 亿美元，同比增长 60%。但低调面临的问题在于，可能缺乏第二次创业的激情、强势的霸主态势、必要的全球化视野以及过于微观的操作。

很明显，美的集团董事会主席何享健已经明显地意识到美的在战略与文化上的重大缺陷，他也在谋求某些改变，比如努力地使用普通话。2004 年 5 月接受《经济观察报》记者采访的时候，自始至终坚持使用并不标准的普通话的何享健让人们看到了美的战略思维的某种突破。如何实现文化的整合与创新，使美的的战略实施有坚强的后盾支持，实现文化与战略的协同，成为美的目前最大的问题。

美的意识到这个问题之后，开始了创新文化和全球化变革历程，各个事业部展开了英语学习，不断奖励新技术的激励举措，引进全球化的人才，强化国际化能力，甚至引导高生活品质的追求，等等。这些努力，让低调的美的具有了内在的张扬的个性。到 2008 年，经历了金融危机的洗礼，美的创新的文化经受住了考验，支撑美的持续获得战略性的竞争地位，取得了销售额达 920 亿元的骄人业绩，2010 年更是取得了 1100 亿元的辉煌业绩。2010 年 12 月，美的隆重地对外宣布，到 2015 年将实现 2000 亿元规模的战略规划，提出“世界美的”的愿景。

战略改变而企业文化却未加以改造，仅在原有的基础上开发新事业、新产品，大部分都会导致失败的结果。战略与企业文化是相互为用的关系，因此调整战略必须进行企业文化的调整，使企业文化可以为战略的调整提供条件。同时，一项新的战略如果会引起连锁反应，就具有了传播改造的能力，甚至还可能提升，导致公司整体的企业文化产生变革，进而使战略的实现成为可能。推进战略的实现必须借助于企业文化所提供的基础，一个与战略相适应的企业文化，可以应对环境变化，可以保障系统的执行力，同时也可以推进战略各个业务元素的协同性，从而获得战略实现的组织保障。

2004 年，在事业发展高峰期，TCL 宣布与法国汤姆逊合资组建的合资企业 TTE，成为全球最大的彩电企业，这也意味着中国企业首次有实力重构主流产业世界版图。但是，与汤姆逊的联姻并没有给 TCL 带来蜜月的喜悦，“国际化的蜕变”带来的是更多的痛楚。

在 TCL 国际化面临重大挫折、欧洲业务遭受巨亏之时，李东生站出来冷静地进行了自省反思。2006 年，他发表了“鹰的重生”一文，在 TCL 内部掀起了一场企业文化的内省式运动，并且在企业进行“鹰式蜕变”，大批高管被撤换，大量的边缘业务被调整。这次“鹰的重生”效果是显而易见的，企业发展思路的重新梳理和企业文化重新塑造之后，越发坚强的 TCL 又踏上了新的征程。

“那段时间，我经历了一生中最难过的日子。”李东生如此评价并购汤姆逊的日子。事实上，这种痛苦的日子，反而给李东生带来了更大的动力，经过三年的欧洲业务模式调整，TCL 不仅在 2007 年实现净利润 3.96 亿元，脱离退市风险，并且在 2008 年度第一季度实现收入 87.81 亿元，净利润 4.49 亿元。行业人士普遍认为，经过国际化的磨炼和洗礼之后，TCL 现在已回归稳健经营的轨道。事实上，2008 年 TCL 业绩持续飘红，尤其是 LCD 业务远超行业平均水平。据其最新披露的数据，2008 年 7 月 TCL 多媒体销售数据显示，公司当期销售液晶电视 42.06 万台，较上年同期增长 436.2%，LCD 销量继续保持高速增长的态势。

成长的可能性促使企业文化产生变革，这些成功促使企业活力化，也使其他企业的组织文化产生变革。同样，也因为这些企业文化上的变革和创新，推进了企业战略的实现和调整，让企业可以持续具有成长性。美的和 TCL 的“新文化运动”，正是对应于两家公司全球化战略的调整，从自我革新和超越开始，不断地把组织推到超越自我的状态中，通过组织自身文化的改造，从公司的最高领导者到全体员工达成共识，以此推进了公司战略的实现。

迪士尼乐园的启示

IBM 公司的小汤姆·特里·迪尔和阿伦·肯迪尼所写的受人欢迎的《企业文化》一书，使管理层注意到了那些“有助于公司始终保持杰出的业绩”的变量。他们对 80 家公司进行系统的研究后得出结论：适应性强的企业文化是强有力的调节手段，企业文化是形成企业竞争力的关键。

到过美国洛杉矶的人，可能没有几个人不游迪士尼乐园，而只要游过迪士尼乐园的人，无不为它创造的那种节日般的氛围所陶醉。走进迪士尼乐园，就像是走进了一个充满幻想和奇观的世界，这就是迪士尼公司的象征，也是迪士尼公司的文化——一种将顾客称为“客人”而不是“顾客”的企业文化。

一旦企业形成了十分鲜明的企业文化，人们对它就形成了一种固定的期望。因此，公司哪怕有一个员工破坏这种文化都会带来极为不利的后果。正像一个“想象的故事”一样：如果一个员工违背了企业文化，其后果将会怎样。下面就是这个想象的故事。

你刚刚来到这个充满想象力的世界，带着痛快玩一天的期望进来了。如前几次一样，你决定再去享受一次特别使你兴奋的骑马的乐趣，尽管要排很长的队，但是你认为骑马的乐趣值得继续等下去。最后，当你排到了队伍的前头时，你听到一个雇员草率地宣布骑马项目关闭了，并且粗鲁地指挥每个人转身离开这里，没有给出任何道歉或解释。

这样冷淡的待遇在这里原来是不可能发生的，在充满了抱怨与愤怒的人群中，你感到自己的怒气在升腾，就像是一个非常不满的顾客一样。当你被赶走时，没有人为你的空等而向你道歉或安慰你，你觉得自己根本就不像一个受到尊重的客人，在这里游玩的兴趣渐渐消退了，不是因为那个复杂的机械故障的缘故——那只不过是偶尔发生的事——主要是因为那个雇员不合适的、考虑不周的行为。在这一天的其他时间里，虽然你受到了其他雇员的热情招待，但是你绝不可能忘记刚才那种无礼对待的影响，你已经对刚刚游览过的这个想象的世界做出了简单的评价，并决定这次是你最后一次游览想象世界。

这是迪士尼乐园的想象的故事，以此告诫员工任何对顾客的怠慢，后果都是不可想象的，顾客选择最终离开一定是受到了不公正的待遇以及没有很好的顾客心理认同。但是为什么会发生这样的事情？为什么员工对于怠慢顾客没有感觉，只是简单地处理那些让顾客失望的事情？员工为什么会这样？一定是公司没有很好地让员工理解他的任何一个行为都会影响顾客对公司的评价，甚至顾客可能因此选择离开公司。因此，迪士尼公司选择一个“想象的故事”与员工沟通，营造一个让员工了解这件事情严重性的组织氛围，这也是这家公司得以成功的只要原因之一。

企业文化编织的是一块非常精致但很结实的布。毋庸置疑，迪士尼公司在编织这样的布——一个完全有效的企业。在企业文化方面，迪士尼成为世界上最成功的公司之一。这个设想出来的故事让我们明白：倘若员工对企业文化即使只违背一次，也会是相当突出的事件，就好像是在一块曾经很漂亮的手绢上染上一个特别难看的污点。有人形容保护企业文化要像保护人的眼睛一样，需要特别珍惜，需要员工完全理解并身体力行，需要员工珍惜每一次和顾客接触的时间并以极大的热情来满足顾客的需求，更加需要员工充分理解他所承担的责任和对于公司的价值。

企业文化的各个组成部分可能是一种用以编织表现工作成绩（工作中的杰出成就）的重要和强而有力的工具。文化的概念可能是促进企业战略成功实施的一个决定性因素。实际上，一种企业文化要么促进企业的发展，要么阻碍企业的发展。在企业实施战略转变的时候，它自己独特的文化就是强大或软弱的一大根源。美国《商业周刊》就有一篇文章论证说，如果新的战略违背了雇员们对于他们在公司中的作用的基本信念，或者违背了企业文化的传统基础，那么失败就不可避免。企业文化的素质，决定着企业的竞争实力。

企业文化力量指数

科特（John P. Kotter）和赫斯克特（James L. Heskett）的研究表明：①企业文化对长期经营业绩有着重大的作用；②企业文化在下一个 10 年内可能成为决定企业兴衰的关键因素；③对企业丰润的长期经营业绩存在负面作用的企业文化并不罕见，这种企业文化一旦存在，就极难改变；④企业文化尽管不易改变，但它们完全可以转化为有利于企业经营业绩增长的企业文化。

尽管人们对于独特的企业文化是否就是企业生存和成功的关键尚存争议，但企业具有独特文化的重要性还是显而易见的。一些全球著名的企业就非常注重自己独有的文化环境。如 IBM 公司提出的口号是“ IBM 就是服务”；通用电气公司的文化定位为“发展就是我们最重要的产品”；招商银行的文化定位于“因您而变”，等等。在企业文化中捕捉到的价值观和想象力为公司提供了一种独特的管理方法——为员工创造出意图、目的和义务；为顾客创造出想象、享受和价值；为股东创造出机会、发展和成长，而这些恰恰是企业的文化素质。

良好的企业文化的要素是指：领导艺术、集体主义精神、对待风险的审慎态度、民主讨论的坦率风格、改革的风气、经营中的灵活性。这些基本的要素如果能够真正地体现出来，企业的经营业绩便会优异。事实上，企业经营业绩优异的公司在企业价值观中重视顾客要素、员工要素、股东要素。换言之，区分经营业绩优异的公司与经营业绩不佳的公司的特征就在于公司是否重视所有的企业构成要素，是否重视这些要素所展示出来的企业所追求的价值，可以将其称之为企业文化要素。我们可以顺着这个思路深入探讨。如果经营业绩佳的公司关注顾客要素、股东要素和员工要素，那么经营业绩不佳的公司经理们关心什么呢？当就这一问题请教专家时，他们的回答通常是："关心他们自己的利益。"(John P. Kotter & James L. Heskett，1992)。企业文化素质高的公司，文化的理想目标在于企业中各级管理者不仅能够随时以满足公司股东的需求、满足公司顾客的需求、满足公司员工的需求为宗旨，更要以满足这三位一体的需求为宗旨，发挥领导才能和领导艺术，倡导公司经营策略或战术上的转变。在市场环境适应程度差的企业文化中，其行为标准要求公司各级经理人员行为审慎、处世精明，保护发展个人的利益，维护自己产品的发展，保护和加强自己所在部门的势力。这些经理人关心的重点似乎在于自己的个人前途、加班津贴或某一特殊技术和产品。

阿里巴巴公司可能是这方面最好的例证。上市公司通常表示以股东利益为重，而马云却表示，阿里巴巴上市后，他的重要性排位为：顾客第一、员工第二、股东第三。事实上，阿里巴巴 2009 年 11 月 6 日在香港联合交易所挂牌上市时，马云持有的股份可能不到 5%。相反，按照招股说明书，阿里巴巴持股的 4900 名员工包括董事在内，共持有 4.04 亿股股份、3919.17 万股认股权以及 25.08 万股受限股份，合计 4.435 亿股，平均每位员工持股 9.05 万股，这将产生近千位百万富翁。此前，当阿里巴巴取得雅虎中国（Yahoo! China）控制权的时候，马云承诺一年之内不会解雇其中任何一位员工。当大多数互联网企业都在投入大量金钱的时候，2002年，马云提出阿里巴巴“全年只赚一元钱”的目标。

当eBay收购易趣进入中国的时候，马云却选择了在2003年推出淘宝网与eBay抗衡，这是一个个人网上拍卖平台（C2C)。马云投入1亿元人民币攻入C2C市场，同年实现盈利1亿元人民币。为了战胜对手，马云命令淘宝三年内不准盈利。免费几乎成了淘宝切入市场的利器，许多原本在易趣做得风生水起的卖家也受其吸引，投奔淘宝。马云说：“只有淘宝的附加价值不断提高，用户转过来才是有意义的，免费不应该是客户转移到淘宝的主要原因。所以，即便我们免费，服务也要做得比收费更好。”这种完全站在顾客立场上的选择帮助阿里巴巴作为互联网的后起之秀反而得以快速走到行业领先位置上。

阿里巴巴公司的管理者在思想上关注企业的文化构成要素，在行动上就必然密切注意这些要素的发展动态。公司经营环境出现变动，如市场竞争加剧，管理者就会很快察觉到这一变化的趋势。公司管理者如果重视各级管理人员的领导才能，他们必然会发挥这些才能的作用，从事一些与外界环境相适应的经营活动。在初创企业，当公司适应新的市场环境需求、迫切需要经营战略和战术的调整时，即使原来的经营方式已经在这一企业文化中根深蒂固，公司改革的动因也会持续促进企业文化的变革。阿里巴巴公司正是这样获得了自己的成长优势。

企业文化的魅力

德胜（苏州）洋楼有限公司成立于1997年，是美国联邦德胜公司在中国苏州工业园区设立的全资子公司，其前身是美国联邦德胜公司在中国上海设立的代表处。德胜公司从事美制现代木（钢）结构住宅的研究、开发设计及建造，是迄今为止中国境内唯一具有现代轻型木结构住宅施工资质的企业。

德胜无疑是中国企业中实践商业伦理的急先锋，它在制度、技术与道德之间寻求平衡，并努力通过贯彻良好的商业伦理来推动并保障企业发展。德胜人并不认为道德就是一切，相反，他们相信“没有哪一个人的道德是永恒的”。为此，他们确定了权力制约的规则，公司的管理者包括最高管理者都受到权力的制约。无论是在工厂，还是在平民学校、木工学校，德胜最重要的一件事就是贯彻“诚实、勤劳、有爱心、不走捷径”的德胜价值观。在德胜已经走过的企业历程中，我们列出以下重要事项来展示这家公司：

2003 年 10 月，德胜公司一次性顺利地通过了 ISO9001：2000 质量管理体系和 ISO14001：1996 环境管理体系的认证。

2003 年 10 月，经教育部门批准，由德胜公司捐资创办的德胜——鲁班（休宁）木工学校正式开学，首批学生于 2005 年 6 月毕业，并获得中国首批“匠士”学位。中国政府相关领导及美国、加拿大和芬兰等国驻华使领馆官员参加了隆重的毕业典礼。

2004 年 4 月，同济大学德胜住宅研究院成立，成为同济大学在住宅领域的研发基地。

2005 年 8 月，由德胜公司捐资成立的、专门招收家境困难的农村学生的休宁德胜平民学校正式开学。凡进入该校的学生，衣、食、住、行、学杂费等费用一律全免。

2005 年 11 月，德胜公司被苏州市科技局、苏州市知识产权局确定为苏州市培育自主知识产权重点企业。

2006 年 1 月，“TECSUN 德胜洋楼”被江苏省工商行政管理局认定为江苏省著名商标。

经过数年的发展，德胜公司现已拥有固定资产超过 2 亿元，在定制别墅类行业中具备强大竞争力，多年来一直稳占行业首位，目前约占80%以上的市场份额。目前，公司年生产加工能力可以满足1000栋以上的木结构别墅工程所需全部材料（以每幢300平方米计）。

《德胜员工守则》中记载着德胜董事长聂胜哲讲过的一段话：“我就是为了追求秩序，为了使我们这个民族能够符合现代人的准则而追求民主、自由，追求法制，我绝对不能容忍我熟悉的人、我曾帮助过的人蔑视制度，绝对不可以，百分之百不可以。”这段话可以清楚地看出德胜的追求不仅在于做企业赚钱，更在于一种以企业为载体，改变人格和社会的决心与勇气。也正是这样的企业文化追求，使得德胜不仅取得了自己的市场地位，更取得了持续的竞争优势，也奠定了其不断发展的稳固的基础。我们在德胜发展的模式中可以了解企业文化的特殊作用，和德胜一样取得成功的企业都有着鲜明的企业伦理、明确的价值标准，以及战胜困难坚守理想的能力，简单说就是保有企业文化的魅力。

企业的文化模型

德胜的例子，可以很清晰地感受到企业文化的作用，但更重要的是，我们需要了解为什么像德胜这样的企业，其文化会有如此巨大的力量？实践中不得不面对的一个难题是：企业文化要如何“落地”才能收到真正的效果？

研究者认为，需要重新审视对企业文化本质的理解是否准确，对企业文化要素和结构的理解是否科学，实施的企业文化建设模式是否可行……事实上，企业文化界的泰斗沙因，曾屡次疾呼应严肃地对待企业文化，企业文化并没有想象中的那么简单。他认为，在思想上过于简单化是人们试图理解文化时最大的危险，把文化说成“我们这儿做事的方式”“我们公司的仪式和礼节”“公司的气氛”“薪酬体系”“基本价值观”等确实是很诱人的，在某种程度上也是有根据的。这些虽然都是文化的表现方式，但在文化起作用的层次上，却没有一个是真正的文化核心要素。所以，沙因提出了自己的判断，提出了文化的三个层次：最底层的是基本假设，第二层是外显的价值观，表层是人为饰物。

在认识企业文化本质的时候，我想借助于沙因的三层次结构：基本假设、外显的价值观和人为饰物。人们进入一个组织，最容易观察到的就是其表面现象，那些你所见闻、所感受到的部分，就属于文化的组织表象层，这个层面就是人为饰物。这一层次的文化虽然看起来是清晰的，如公司的形象、产品以及组织结构和各种公司活动，但是你并不知道为什么组织成员会表现出这种行为，以及为什么每个组织会有这样的架构，也无法判断为什么这家公司的产品会是这样的表现形态。人们可以描述出他所看到与感觉到的表象，但无法由此构建这些表象在特定群体中所代表的意义，所以表层并不能够代表真正的企业文化的内涵，仅仅是企业文化的外化而已。对企业文化的进一步深入了解，可以搜集到各种各样的资料与信息，用来描绘公司的价值观和原则。由于价值观支配行为，对于属于意识层面的价值观可以用来预测可被观察到的、可以理解属于组织表象层面的许多行为的依据是什么，这个层面就是外显价值观部分。借助于价值观，人们可以了解到公司行为规范、管理制度以及福利体系的设计，可以通过对管理方式的认识获得对公司价值判断的认识。但是，如果这些价值观仅仅是以理念的方式，或者简单地说是以口号的方式来表达，那么还是无法真正寻找行为背后的真实驱动因素。这就需要进一步深入到潜意识的基本假设层面，找到真正的潜在假设，就能够了解到怎样的假设对应怎样的行为，以及所有行动背后的逻辑和驱动因素是什么。这一层面就是最底层的部分。

沙因的文化三层次结构模型，有助于挖掘到文化作用背后的真正逻辑，让人们看清楚文化的本质究竟为何。在实践应用中，可以确认构建的企业文化目标是否可行。如果这些“新型价值观”所依存的基本假设能够适应组织所运行的环境，就能确认建设文化目标的有效性，否则就是无效的。大部分情况下，人们只是关注人为饰物和外显价值观的部分。在1995～1998年间，我曾经研究科龙集团发展中的企业文化的问题。这是一家在广东顺德的企业，依靠稳固的制造质量，容声冰箱连续8年全国销售第一并获得良好的声誉。1998年科龙集团需要变革组织，并完成第一代创业领导者到第二代管理者过渡的阶段，这个时期需要企业文化发挥重要的作用。这项研究表明，科龙集团具有非常好的创业文化、良好的制造基础、过硬的品质保证以及具有影响力的品牌，更重要的是公司具有良好的产品基础并形成了自己的独特企业文化。所以在这个过渡阶段，企业文化提供的稳固的基础帮助企业平稳地度过了这一时期。但是到了后来，顾雏军以资本进入科龙，表面上科龙依然生产容声冰箱，依然是以制造和品质取胜，无论是人为饰物还是外显的价值观好像都没有改变，但是深层的基本假设改变了，这一时期的科龙已经不再具有和之前一样的基本假设，一部分人对利益无原则的追求导致了这家中国曾经最大的白电企业，无法持续其竞争优势。现在是海信入主科龙，如果科龙重新回到之前优越的竞争位置，就需要在基本假设上做出相应的调整，而这个过程需要很长的时间和巨大的努力。但是，也只有在基本假设上做出有价值的改变，科龙才有可能焕发出全新的价值。所以，企业文化的根本还是最底层的基本假设。

我借助于沙因的框架和逻辑，在不断地分析那些具有持续竞争力的企业的基础上，构建出了企业的文化模型，见图2-1。

企业文化的内化是最基本的前提，没有思维和理念的确定，文化无从谈起。企业文化内化是一个总概念，包括企业思维方式、经营信条和行为规范等，并表达企业存在于这个世界上的使命是什么，宣告如何去实现这一使命。企业文化的内化是企业价值与行为的终极来源，一般是在长期的

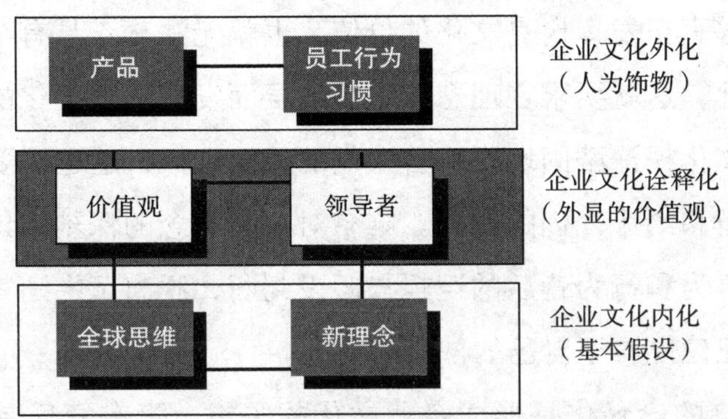

图 2-1　企业的文化模型

生产、经营实践中逐渐建立起来的，表面为企业所遵循的根本原则及企业全体员工对共同理想和信仰的追求。建立在企业群体文化知识、理想认同和行为规范基础上的企业理念，对外能够昭示企业所确立的社会身份、精神面貌和经营风格；对内能够成为全体员工的统一意志，唤起员工的巨大工作热情，促使企业充满活力。

企业的思维和理念特指带有个性的企业经营活动的思想或观念，其作用如同空气对于生命，虽然看不见、摸不着，却足以影响企业的名牌战略。IBM 公司的创始人在谈到企业信念时曾说："任何一个组织想要生存、成功，首先就必须拥有一套完整的信念，作为一切政策和行动的最高准则。处在千变万化的世界里，要迎接挑战，就必须准备自我转变，唯一不能变的就是企业理念。换句话说，组织的成功主要是跟它的基本哲学、精神和政策动机有关。思维和理念的重要性远远超过技术经济资源、组织结构、创新和时效。"对于中国企业而言，在思维方式中特别需要关注全球环境以及全球视野，能够用更加国际化的标准。运营与理念是否可以超越自己，是必须建立的思维习惯，正如第 1 章所言，今天环境所需要的思维方式和中国传统文化所形成的思维方式有很大的区别，所以我提出要具有全球思维。在理念与习惯的部分，不管我们多强调全球化，也需要理解真正的全球化就是"全球本土化"。如果我们不能够很好地理解自己的文化理念，不能够真正发挥自身文化的价值，也就无法真正具有全球化的能力和视野。因此，这就要求在理念和习惯的层面发挥中国文化的作用。另一方面，中国文化根深蒂固地影响着人们的行为选择，这也需要借助于文化的力量来理解和约束人们的行为。唯有对中国理念的深刻认识，才有可能理解人们的行为和行为背后的逻辑与假设判断，脱离了中国实际，中国企业是无法真正建立属于自己的核心能力的。

企业文化的诠释化是形成企业文化的关键。没有领导者的意愿和表率，没有核心价值观的牵引，企业文化是无法形成的。因为理念和思维会深藏在人们的行为选择中，如果没有明确的价值牵引，这些行为选择只是员工的自觉行为选择，并不具有明确的组织特征。深层的基本假设还需要外显的价值观来表达，需要企业领导者坚定的指引。在企业文化诠释化的部分，主要通过两个因素展示：企业核心价值观和企业领导者。

企业文化主要是由企业家导向的，它深深地烙上了企业家的个性、志趣情操、精神状态、思维方式和目标追求，对企业文化起着决定性的影响。企业家是企业文化的设计者、倡导者、推动者、弘扬者，也是“企业文化的旗手”，企业家的文化素养孕育企业文化的养分，企业家一生的磨砺与追求奠定了企业文化的基础。优秀的企业家通过追求成功实现人生的崇高理想和信念，通过将自己的价值观在企业的经营管理中身体力行，导而行之，推而广之，以形成企业共有的文化理念、企业传统、风貌、士气与氛围，也形成独具个性的企业形象，以及企业对社会的持续贡献。企业领导者在创立企业文化、形成企业文化、表现企业文化中起着决定性的、示范的作用。

价值观的确立是企业在决定其性质、目标、经营方式和角色时做出的选择，是企业经营成功经验的历史积累，它决定了企业的经营性质和发展方向，既构成企业内部成员的行为准则，又体现了企业一切行为和活动所追求的理想境界。企业的行为和人的行为一样是受价值观念支配的，企业全体成员共同认可的价值标准和价值取向是企业文化建设的核心，是企业精神文化的思想基础，它为全体员工提供积极向上的文化选择，是走向共同目标和日常行为的指导方针。很多管理专家认为，最佳企业的成功经验之一，就是企业领导者对于企业的奋斗目标都十分明确，而且极为重视价值观的形成过程。正如彼德斯和沃尔曼在《追求卓越》一书中指出的："我们研究的所有优秀公司都很清楚它们主张什么，并认真建立且形成了公司的价值准则。事实上，如果一个公司缺乏明确的价值准则或价值观念不正确，我们很怀疑它是否有可能获得经营上的成功。"

企业文化的外化是企业文化具体的表象，是企业文化的载体，通过外化人们才可以领略到企业文化的价值。企业文化的外化表现在产品和员工行为这两个结果因素上。没有产品和员工的行为，文化只能停留在理念和口号上，不会发挥出作用，也不能够彰显力量。如果一个企业的文化被确定为有竞争力，一定是通过产品和员工展示出来的。也可以这样说，如果没有产品和员工行为习惯的形成，文化就没有形成。

企业不仅通过有目的的具体劳动，把意识中的许多表象变为具有实际效用的物品，更重要的是，在这一过程中，不时地按照一种文化心理来塑造自己的产品，使产品的使用价值从一开始就蕴涵着一定的文化价值。可口可乐流线型的字体，那永远不变的红色，在世界各地都那么抢眼、夺目；可口可乐不光给世人带来了美国的文化、美国的精神——开放、快乐、自由、诙谐，也向世人传播着爱与和平；人们透过可口可乐，认识到了生活的美好，学会了互敬互爱，学会了热爱和平。所有这些共同构成了可口可乐的整体形象，使其以"挡不住的感觉"深深扎根在人们的心中。2010年全球最值得期待的产品是苹果的 iPad，这一款产品把苹果公司创新的企业文化表现得淋漓尽致。如果人们仅仅是听乔布斯谈论自己的理想和对于顾客体验价值创新的执着，看不到 iPad，还是不能够了解到苹果公司提倡的顾客体验价值创新是什么。但是，一旦你拥有一部 iPad，你会立即被这个产品所展示出来的强大的顾客体验价值而震惊，并完全认同乔布斯所谈论的事情，也能够在使用 iPad 的过程中被苹果公司的文化所感染。所以，企业文化一个最显性的载体是企业的产品，每一个企业的产品都具有企业自己的独特性，都会彰显出企业特质。企业文化就是通过企业的产品让顾客感受到、触摸到以及体验到的。

员工作为企业文化的另外一个载体，更是用行动来彰显文化的核心内涵。比如，新中国成立初期的大庆油田，通过王进喜的行为，宣扬了其所倡导的艰苦奋斗的拼搏精神、高度的主人翁责任感和尊重规律、严细认真的科学作风的“铁人精神”；通过王进喜的行为，让全世界都了解到中国在创建石油工业中所展示出来的创造和大无畏的革命精神，而这也正是大庆油田企业文化的底蕴。通过员工的行为，企业的价值追求和理念变成了可以触摸和感受的东西；通过员工的行为，顾客以及社会可以清晰地理解企业的文化。可以说，员工是企业的主体，员工的群体行为决定了企业的整体精神风貌和企业的文明程度。

企业文化绝对不是虚的东西，企业文化的“实”就是指企业的产品和员工行为。对于企业文化的认知是通过企业的产品和员工的行为来体现的，一旦企业产品与顾客接触，企业的文化也就传递出去了。为什么中国传统文化可以传递到世界各地？其中最重要的一个原因就是中国的丝绸、茶叶、陶瓷走向了世界各地，因为这些产品，世界各地的人开始了解中国以及中国的文化。但是近代以来中国产品落伍，不再输出产品，反而是大量地接受外国产品，特别是现代社会美国产品和技术的长驱直入，让中国人开始全面接受美国的文化及价值标准。这也从另外一个侧面提醒我们，如果要强化文化的作用，就要打造承载文化的载体，也就是创造优秀的产品占领世界市场。唯有此，才有机会把中国文化传递出去。

建筑是『石头的史书』，人类没有任何一种重要的思想不被建筑艺术写在石头上……人类的全部思想，在这本大书和它的纪念碑上都有其光辉的一页。

——雨果

03 第3章 文化是神　产品是形

战略无疑是控制企业命运的，因此人们总是非常明确地要求企业确定自己的战略，这是明智的选择。但是明晰了自身战略的公司，并不都能够在竞争中获得有利的地位，原因到底是什么？隐含在战略之后的关键要素又是什么？我们先回顾一下历史。1970年，没有几家日本公司拥有原材料基地、制造规模，或者美国的先进技术、欧洲的产业基础、世界市场的品牌。丰田公司比美国通用汽车公司小，还没有向美国出口汽车。佳能公司最初带有疑虑地涉足复印机技术时，规模与施乐公司的价值40亿美元的发电站相比，小得可怜。但是在今天，丰田公司为世界制造了与克莱斯勒公司一样多的汽车，佳能公司已占有与施乐公司一样的世界单个市场的份额。这令人着迷的现象，一定有着内在的要素，我曾经把它称之为“产品意图”（这个想法的产生受加里·哈默尔和普拉哈拉德“战略意图”的启发）。这些弱小的公司能够经过20年的努力一跃成为与大公司并驾齐驱的公司，就是因为它们拥有明确的“产品意图”。换个角度说，拥有明确的企业价值并交由产品展示出来，是隐含在战略之后的关键要素。

公司价值如何展示一直是企业必须解决的问题，没有价值的公司是无法存活的，有价值的公司以什么方式传递价值又是一个非常难以选择的问题，恰好产品能够在其中起到作用。研究日本企业的成功，很多人从企业文化入手，但是我更倾向于从产品入手，正是丰田公司对于质量与成本之间平衡的能力，使得丰田成为美国市场的“宠儿”。在美国，丰田汽车就是“物美价廉”的代名词，而这也正是丰田汽车自己的价值理念：更高的品质、更低的价格。“我相信，‘顾客支持着丰田’这种观点是我们进步的牢固根基。”现任丰田总裁丰田章一郎这样说。倾听顾客声音的能力将丰田与其他汽车厂商区分开来，并始终走在前列。只有从公司的价值追求出发，通过产品传递公司的价值，才可以让顾客和企业之间建立一种价值选择关系，一旦建立起这样一种价值选择的关系，企业就可以回到顾客的价值追求中做出贡献。

晋商的辉煌与沉寂

有一个我一直想不通的现象：为什么曾经非常发达的两个地方在今天相对于发达地区有些滞后？一个是晋商所在的区域，一个是徽商所在的区域。当我看完山西王家大院和常家大院之后，我有了一些不同的思考。

晋商的成功自然有很多原因，不过我自己在山西的感受，有两点深深地打动了我。一是看到常家的家训，知道在晋商中有一个非常明确的观点“学而优则商”，晋商是标准的儒商。他们要先求学，真正具有了学问，了解了做人做事的事理，明白外物的逻辑，才可以去经商。因此，在那个时期，学识和做人的准备都优异的人才可以去经商，这一点保证了晋商基本素质优秀，而如此的基础自然可以创造出优异的成绩。

二是到了平遥古城，在“日升号”最让我惊讶的是他们的“制度安排”。想不到在今天谈论的期权、股权、薪酬和绩效，在这里已经是非常成熟而有效的管理制度了。大掌柜的子孙都可以承继他的股权，这使得所有的掌柜都非常忠诚，而且忠诚一辈子，几代人都要忠诚。“日升号”用的所有管理方法，甚至超出我所学到的西方人力资源管理理论。晋商能够非常富有而且影响深远的原因，也许可以从时代、环境去寻找原因，不过我更倾向于以下两点：深厚的学而优则仕的文化底蕴、明确而坚守的绩效分配制度。

但是，为什么到了现代晋商反而失去了往日的辉煌呢？这也是我站在宏大的王家大院想到的最多的问题。在看介绍和听讲解的时候，给出的最多的答案是战乱开始。从环境的角度来看，这是一个绝对的原因，因为战乱，导致晋商开始衰落。但是如果还是这些优秀的人，还是这样的绩效激励制度，为什么环境改变后就无法有所作为了？重要的原因也是更深层次的一个原因，就是晋商离开了现代化的进程。当晋商依然在茶马古道上运输商品的时候，别人已经开始在铁路和轮船上前行。晋商之所以衰落，和中国文化在商业体系走到现在还这么弱的根本原因是一样的，那就是我们离开了现代化的进程和现代的技术。其实在研究中国管理、中国传统文化的时候，最重要的是探讨中国传统文化和中国管理技术的现代化问题，这是根本性的问题。如果在现代化的领域没有任何建树的话，把理念说得再好，再努力付出，也不会得到很好的结果。

从基本假设层面来讲，中国传统文化的精髓，五千年的灿烂文明已经给了我们明确的指引，即使在今天，面临这样一个巨变的时代，这些基本假设还是给我们以支撑。从价值观方面来讲，经过 30 多年的改革开放，人们也已经非常清楚价值取向上应该如何判断，应该怎么融合与世界的交流。但是人为饰物的层面，我们却非常弱，基本假设和外显价值观无法在人为饰物这个表层体现出来。基本假设和价值观最终要表现为人为饰物，没有最后的这个载体，文化不可能体现出来。文化需要载体，需要一个产品，一个物化的东西，才可以被人们感受到。中国几千年的文化当中缺乏一些东西，这些东西不是理念，不是习惯，而是物化的产品。晋商时代，因为银票、因为茶叶，这些物化的东西承载着文化，影响甚远，成就了晋商的辉煌，但是当技术成为载体的时候，晋商没有和技术组合在一起，没有了技术与产品作为载体，也就没有晋商强大的精神理念的载体。其实晋商就是这样衰弱的。

招商银行“因势而变”

2009 年 7 月，《亚洲货币》公布，招商银行私人银行业务荣获年度中国“本土最佳私人银行”大奖，这是亚太地区最具公信力的银行奖项之一。作为《亚洲货币》杂志五年来最大型的私人银行评选活动，面向亚太地区管理资产高于 100 万美元的高资产人群进行调查和评选，受访高资产人士多达 1440 名。这是继 2009 年 2 月荣获《欧洲货币》杂志“中国区最佳私人银行奖”后，招商银行私人银行获得的又一个来自国际权威媒体的殊荣。这两个奖项，一个是来自权威金融同业的认同，一个是来自客户的声音。2007 年年底发生在美国的金融危机波及国内后，不仅没有重挫国内金融机构的发展速度，反而成为中国商业银行的发展新机遇。招商银行借助于危机化转机的机遇，用全面产品和服务创新彰显其独特的竞争能力和创新之路。

在中国的商业银行中，招商银行率先打造了“一卡通”多功能借记卡、“一网通”网上银行、双币信用卡、点金公司金融、“金葵花”贵宾客户服务体系等产品和服务品牌，并取得了巨大成功。截至 2008 年年末，“一卡通”累计发卡 4907 万张，卡均存款居中国银行卡最高；信用卡累计发卡 2726 万张，居中国信用卡市场的领导地位，并入选哈佛大学 MBA 教学案例。“一网通”网上银行的技术性能和柜面替代率，一直在同业中保持领先。“金葵花”服务体系在高收入人群中受到广泛欢迎，拥有贵宾客户近 40 万户。2008 年度，招商银行实现净利润 210.77 亿元，同比增长 38.27%，成为全球银行业逆势上扬的典型。

1995 年，国内银行业首次推出集定活期、多储种、多币种于一卡的全国通存通兑的银行借记卡——“一卡通”。“一卡通”解决了当时中国人依靠多个账户进行现金管理的难题，适应了人们对银行服务更高的要求，改变了人们传统的理财方式和消费观念。截至 2011 年 3 月底，“一卡通”累计发卡近 5000 万张，卡均余额超过 4500 元，在国内同业中遥遥领先。1999 年，招商银行在国内第一家启动了包括网上个人银行、网上企业银行等在内的网上个人银行理财软件——“一网通”，“一网通”分为大众版和专业版。2003 年，招商银行推出了中国与国际接轨的一卡双币 VISA 信用卡，在短短一年多的时间发行突破百万大关，招商银行因此成为大陆地区首家 VISA 双币种信用卡发行超百万的会员银行，创造了业内发卡速度的新纪录。2004 年，招商银行又推出了新型的个人资产的管理型产品——“财富账户”，成为其继一卡通、一网通、一卡双币 VISA 信用卡、金葵花等个人理财知名品牌之后的又一创新性产品。招商银行以账户形式提供个人理财服务在国内银行中尚属首例，而且这种网络、电话中心和营业网点相结合的三位一体的个人理财服务方式也是国际首创。2007 年 8 月，招商银行又一次率先在国内推出私人银行业务，经历了近两年的业务开展，全国已开业的招行私人银行中心达到 8 家，2009 年年底达到 15 家，布局已基本覆盖了全国主要经济区域。在金融危机冲击的影响下，招商银行私人银行依然保持了客户数和管理总资产双双增长 10% 以上的良好业绩。

回顾招商银行成长之路，可以感受到招商银行“因势而变”的理念如何体现在一个一个创新的产品和服务中。创新在招商银行不是口号，而是直接提供给顾客的产品和服务，从登陆资本市场至今，招商银行提出银行“因势而变”的理念，做出各种创新的尝试：市场营销、产品设计、服务方式都成为国内商业银行业的标杆，招商银行真正“享受”到有益的创新文化给企业带来的生生不息的力量，而顾客借助于“一卡通”这个产品也同样深深感受到创新文化带来的价值。

苹果公司的“革命性”

在 iPhone 的发布会现场，“苹果之父”乔布斯再三强调 iPhone 的三大理念——“iPod、Phone、internet”。值得注意的是，“iPod”是被放在最前面的，有意无意间，说明了 iPhone 是一台以音乐、多媒体播放为核心的娱乐终端。虽然内置了苹果的 Mac OS X 操作系统，但苹果并没有刻意将 iPhone 打造成传统意义上的智能手机。“正因为如此，竞争对手很难寻找适合的细分产品去与 iPhone 竞争。”水清木华研究中心一位电信分析师说，这是听完乔布斯给予 iPhone 的表述后的第一反应。

“每过一段时期，就会诞生一件革命性的产品。”乔布斯在其演讲中表示，一个人能在其职业生涯里摊上这么一件就已经非常幸运了，苹果很幸运，已经发布了好几种这样的产品。无论 iPhone 能对手机业界造成多大的冲击，其 iPod 内涵已经是打造“革命性产品”的重要筹码，而苹果也似铁了心般要在 iPhone 中将 iPod 精神进行到底。

毋庸置疑，iPod 已经获得了巨大的商业成功。据苹果统计，到 2006 年年底，iPod 在全球的销量已经超过了 6800 万台，对公司财报的业绩贡献也大大超过了其传统业务——苹果电脑。

乔布斯称，苹果 iPhone 手机 2008 年大面积上市后，当年的销量达到 1000 万部。据统计，2006 年全球范围内的手机销量约为 9.57 亿部。按此计算，1000 万部相当于全球手机市场整体销量的 1%。iPhone 作为高端手机，最直接的竞争对手是采用 Symbian UIQ、Windows Mobile、Plam OS 等操作系统的智能手机，以及诺基亚、摩托罗拉这类开始介入内容，希望走“iPhone+iTunes”模式的手机厂商。

乔布斯阐明了苹果取得奇迹的缘由：我们只是尽自己的努力去尝试和创造（以及保护）我们所期望得到的用户体验。正是这样的定位和承诺，苹果一直以来坚持做一件事情，那就是重新赋予产品顾客体验的价值。苹果并没有去创造一个全新的产品，反而更多的是改变一个原来就存在的产业，而不是独自从零开始开创一个全新的领域，iPod、iPhone 只是重新发明了 MP3、手机而已，而 iPad 也是对于电脑的重新定义而已。因为在乔布斯看来，了解和理解顾客的习惯是最为关键的。他很明确地知道，任何产品都应该回归到顾客的生活习惯上来，而不是改变顾客的生活习惯。当我走在洛杉矶的街道上，看到 iPad 的户外广告牌：舒适的跷腿坐在沙发上，在腿上随意有一个 iPad，那份闲散和自在悠然而出。更深的理解还在于顾客拥有成本的认识和对于商业的价值认识，在 iPad 的广告上，你看到的是这样一行字：奇妙与革命性的产品，令人难以置信的价格。真的是如此，我的确没有想到，6 款 iPad 产品最低一款的价格是 499 美元，最高一款是 829 美元，这样的定价的确具有极大的顾客体验价值，所以 iPad 上市 28 天，销售 100 万台，这样的奇迹令人无法超越。

对于顾客体验价值的维护还不仅仅体现在产品和价格中，在使用 iPad 的过程中，我自己开始被深深地吸引住。最初使用 iPad 的时候并没有给我太多的好感，但是随着使用的熟练和了解其更多的运用，我开始被 iPad 的设计和价值追求所震动：这不是一个简单的顾客价值体验，而是围绕顾客价值体验的价值网络集群。这个理解让我惊讶并感叹，也终于明白为什么会有“苹果化”的倾向以及微软的担忧了。

我们看看下面这些事实，默多克告诉大家：《华尔街日报》已有超过 6.4 万来自 iPad 的订阅，其中不少还是每月 17.99 美元的付费用户。乔布斯捍卫的是一个阶层的利益——提供用户体验的利益组织：130 年历史的《华尔街日报》；87 年的《时代》周刊；更多高度原创、精致生产的内容，比如皮克斯的《玩具总动员》以及默多克投资的詹姆斯 · 卡梅隆的《阿凡达》。如果展开想象，可以想见这是一个多么令人振奋的改变，平面传媒、海量信息的展示，无法比拟的显示空间，更多的创意和链接……这些正说明了苹果所选择的是一个开放性成长的方式，运用商业平台，构建一个价值网络，从而获得新的增值增长方式。iPad 再一次为苹果精神做出完美的诠释。

承载“精神”的产品

今天，消费不再是纯物质的消费，人们所需要的是通过消费来满足精神的追求。市场上涌现许多高精神含量的产品和服务足以说明这个现象。2006 年 12 月，从一幅名为“加薪引导人民”的漫画开始，中国的上班族们发现，一夜之间身边随处可见这个方头方脑的小人物。早上拿起特百惠的莉莉盒杯子喝水，上班路上看见邻座捧了本漫画《张小盒的办公室故事》，到单位一开电脑跳出来以张小盒为主角的惠普电脑广告，出个差还得刷七天旅店“盒子房卡”，周末去看个话剧还是《办公室有鬼之“盒子门”》……“盒子”主题漫画和周边，牵引着白领们的潮流。

张小盒是这个“盒子”主题漫画的主角，一个上班族的动漫代言人。他的自我介绍很简单：“我叫张小盒，没有钱，没有女朋友，擅长加班，不擅长讨好老板，所以工作是快乐之本。”就是这样一个动漫形象和他的故事，引起无数职场白领共鸣，成为中国最有影响力的上班族漫画。现代人都生活在各种各样的盒子里，写字楼是盒子，汽车是盒子，等等。其实日本的彩虹乐队很早就有一张 *Smile* 的专辑，封面就是四个成员每人顶着一个方形的“盒子头”，用音乐来释放内心的情绪。盒子的概念并不是张小盒带来的，而是存在于每个人的内心深处，而盒子动漫社要做的，就是把这种情绪挖掘出来，整合在一起，继而形成一种盒子文化。

所以，盒子动漫社要做的是一个盒子的文化概念，而张小盒只是这个文化体系的先锋。运作张小盒形象并非运作形象授权这么简单，而是希望张小盒把盒子的文化带给所有的上班族。张小盒及相关的动漫形象由盒子动漫社推出，这是来自广告创意界的兴趣团队，他们中有自己做老板的，有曾经在大企业里当过员工的，还有刚毕业出来的职场新人。虽然是一个新兴的团队，但核心人物曾经策划制作过著名的百度恶搞谷歌的唐伯虎系列短片。

观察市场不难发现，可以成功的产品都要和顾客的内心产生共鸣，消费者要通过产品消费达到价值认同，最常见的做法就是在功能之外，提供精神上的愉悦。例如，快速扩张的“真功夫”，除了享受餐厅本来就提供的服务（食物）外，还可以让人们联想到李小龙的真功夫，身在其中，顾客多了些想象的空间与趣味。在北京，很容易在一些大宅门里感受到宫廷的氛围，无论是门前的格格，还是店里的设计，摆设的古朴，加上京剧的渲染，顾客就直接在“宅院”的场景里多了不同的体验。

丹麦未来学家罗尔夫·詹森，在1999年出版的《梦想社会》*The Dream Society* 中认为：“我们可以这样说，1999年是个临界点，是欧洲和美国开始明显发现资讯时代不会延续下去的时点。换句话说，人类即将进入新纪元——一个以故事为主导的年代。我们将从重视信息过渡到追求想象！”

罗尔夫·詹森举了鸡蛋的故事来说明这点。他说，在1990年，几乎所有丹麦人都购买在工业化农场生产的鸡蛋，只有少数选择天然农场的鸡蛋，毕竟自然生产的鸡蛋的价钱是“工业”鸡蛋的两倍。到1999年，在丹麦超市的鸡蛋竟有一半来自自由放养的鸡群。产品一样，味道也一样，甚至实验室都找不出两者之间的分别。顾客就是渴望天然、有乡村情怀和动物福利的浪漫，他们宁愿为此付出代价。由此可见，我们现在正选择那些包含感人故事的产品。

他也描述著名美国烟草品牌万宝路的故事，这是德国旅客购买到美国西部荒野刺激的冒险经历。万宝路在世界各国与在德国和美国的情况一样，不仅仅是香烟而已，还是个完整的故事，万宝路的故事包括有个性的衣服和冒险旅行。这个关于美国西部旷野的故事，倡导独立的价值，冷静、锲而不舍的个人力量，这些价值早已通过无数产品和服务体现出来。罗尔夫·詹森的结论是：“当我们购物时，事实上我们在商品内寻找故事、友情、关怀、生活方式和品性。我们是在购买感情。”

的确，一个产品如果不能够附着人们的想象力和向往，这个产品就无法存活下来。也许我们可以用“情感”“精神”“梦想”等一系列的概念来诠释它，但是这一切都在描述着一个根本的事实，那就是具有灵魂的产品，而不是一个简单的功能和结构。2010 年年底，两部中国电影风靡各大院线，一个是姜文的《让子弹飞》，一个是冯小刚的《非诚勿扰 2》，两部片子的票房都创造了本土电影的奇迹。这两部片子之所以产生如此巨大的商业成功，究其原因是，很多人都在这两部电影里有了情感或者心理上的共鸣，每一个进入影院的人，无论是年龄、生活背景以及阅历多么不同，但是都可以在这两部电影里找到自己的思绪和情感的宣泄。甚至《让子弹飞》引发了无数的网络语言，而《非诚勿扰 2》中引用的一首小诗也成了时尚的语言。相比之下，张艺谋的《山楂树之恋》并没有获得预期的成功，因为这部片子只能够让 20 世纪五六十年代的人产生内心的共鸣，而除了这两个年代的人之外，年轻人无法和这个影片产生互动和交流。在影院，妈妈级的观众热流盈眶，而孩子级别的观众无动于衷，从影片的画面、人物以及故事情节的安排上，你完全可以对张艺谋放心，但是放映的结果就是这样，因为今天看电影的主流人群无法和这部电影产生共鸣。

人们消费产品，已经不再是产品本身，而是消费者情感和期望本身，消费者把自己的想法、期望甚至梦想折射到产品上，希望借助于产品来寄托、感受甚至宣泄自己。瑞士手表深谙此道，在瑞士诞生的这些著名的手表品牌，并不是一个时间的刻度，而是深邃、守约、精准以及典雅的象征。当腕上带着其中一款瑞士手表的时候，内心中所感受到的已经不再是时间，而是承诺和确信，因为其所赋予着的文化内涵。传统的手表产业，因具有个性的追求，越加焕发出时代的光芒，并具有了永恒的时间价值。

差距的来源

人们一直在关注中国企业和西方跨国企业之间的差异，很多人说差距源于技术、资金以及经营历史不同。但是我想对于顾客而言，根本的差距其实是产品的差距，不是产品功能上的差异，而是产品给予顾客价值感上的差异。那么导致产生差距的缘由是什么呢？其实就是产品所承载的“价值之差”。

饮料是最普通的产品，但是可口可乐却能让每一个时代的人集聚在它周围，超越时代、距离、地域甚至文化，这个产品连接不同消费人群的就是它所给予每一位顾客的“挡不住的感觉”。可口可乐的市场总价值中情感实体远大于物质实体，罐装饮料厂、卡车、原材料和建筑物这些有形物质资产对于可口可乐公司和华尔街来说，并没有全世界的顾客对这一品牌的好感重要。换句话说，可口可乐公司所创造的顾客忠诚度在未来难以估量，要量化这一部分的资产负债，即使是最出色的首席财务官也无法完成，而价值的确就在那里。

在北京 T3 机场，只要时间足够，我都会到哈根达斯店里坐一会儿，吃上一点哈根达斯雪糕，让绷紧的生活即便是在飞机场的候机厅里也能松弛下来，享受瞬间的美好。试想一下，哈根达斯其名称本身，甚至它的标志，都能够让人触觉到美。是的，它代表雪糕，但是所有喜欢哈根达斯的人都知道它更代表美好的感觉。

对于那些和人们的生活融合在一起的产品，已经不能够简单地称之为“产品”，而常常把这些产品和生活方式等同于一体。20 世纪 50 年代，在摩托车行业，日本摩托车便宜可靠，使用者的裤子不会沾染油脂，日本企业的竞争使得美国许多公司停产，甚至威胁其他欧洲品牌的摩托车，哈雷摩托是美国剩下的唯一摩托车生产商。但是，在 1999 年开始出现新现象，美国又重新生产美国样式的摩托车，比起日本的竞争者，美国的历史更善于给摩托车创造某种类型的故事，这让哈雷摩托依然保留着强劲的竞争地位。在富裕的社会里，摩托车不仅是交通工具，还告诉别人许多故事，诸如展现车主的品位、风格等无形的价值。哈雷摩托不仅仅是一部摩托车，更大程度上是个性和理想的化身，是某种生活方式的表达。

2009 年 10 月的广州，每一天早上会看到“跑起来”的运动，这是耐克在这一年发起的全民运动，看到一双双踏着耐克跑鞋不断运动的人群，可以感受到健康、快乐和阳光，这就是耐克所追求的。菲尔·奈特推出耐克品牌后，将运动健身的灵感与渴望达到价值水平的创新性产品展示结合起来。例如耐克的气垫运动鞋展示，耐克本来可以花上千万美元宣扬产品的价值，这种运动鞋的中跟处薄而柔韧的膜中装了气垫，外面包着成型的脚框架，并附有一种动力健身系统。但是，耐克只简单地展示了一下产品，却与顾客在更深、更鼓舞人心的层次上做了交流，让人在更广阔的运动健身世界里了解这一产品的真正意义，这超越了产品本身，让人感动。

第三届年度 BrandZ 全球最有价值品牌百强榜公布，上榜品牌的总价值从 2007 年的 1.6 万亿美元上升到了 2008 年的 1.94 万亿美元，增幅超过上年同期增幅的两倍。

上述这些产品可以和顾客连接在一起，就是因为它们具有了顾客所要的价值，可以说产品就是顾客想象和期待的载体。按照密歇根大学商学院教授普拉哈拉德及拉玛斯威米的说法，权力钟摆向顾客的移动使产品“不过是一种顾客体验”。就像柏拉图所认为的那样，人们在日常生活中体验的任何具体事物的各个侧面都存在着该事物的“理念”，是“理念”使事物更长久，甚至拥有永久的意义。

事实上，追求想象的未来已经浮露。星巴克的咖啡严格来说是饮料，人们前往星巴克的真正的理由是需要一个属于自己的可以享受的时间，因为人们渴望属于自己。换句话说，独立才是消费者要的东西，咖啡和咖啡厅只不过是提供给人们一个场地，只是陪衬工具而已。因此，你可以在北京东方广场的星巴克里，在香港海港城的星巴克里看到安静看书的年轻人。在一个繁华的购物广场，在喧闹的人群中看书写作业，这就是星巴克的魅力。

中国等了10年的创业板终于开闸，一夜诞生的众多亿万富翁让国人兴奋和羡慕，而我关注的是“探路者”这家做户外运动服饰的公司。资本市场上的神话我并没有多大的兴趣，真正可以让大家关注的应该是这家公司对于生活方式的认识，对于产品与生活意义之间关联的认识。在今天，户外运动所展示的就是一种跨越、融入自然、自我主宰的生活方式。与“探路者”关注户外相反，一些企业关注的是人们的疲惫和需要“慢生活”的意愿，应运而生的是养生产品。我们可以把这样的追求称之为个性的生活风格市场，今天这个市场的持续成长无关物质的追求，而是驱向感觉的塑造。

如果企业还是孤立地看待自己的产品，显然是落后了。产品仅仅是载体而已，打动顾客的是“内涵”，是企业所要传递的企业价值和追求，许多企业需要做适当的反应和调整。当人们看到产品销售的时候，看到的应该是企业的信念，当消费者购买产品时，就等于购买这个品牌所代表的某种信念和态度，产品反而是随着购买这些观念而来。所以，企业必须了解到产品是企业价值的载体。正如法国作家保罗·克罗蒂尔诠释什么是《诗》的时候说道：

我说的非我所思，而是我的梦语
我无法解释它何在，因为牵起灵感的
非我，而是灵魂牵起我自己

我舒展内在的空白，张开嘴

让灵息吹入，灵息吹出

我把它再现成理性的文辞

通过语言才聆悟自己所言语

从企业所追求的价值出发而非产品本身出发，就是优秀企业和一般企业之间的差距。随着技术和市场的开放，产品之间功能上的差异不会有太大的距离，而顾客感知价值的距离会非常大。就如20万元的汽车和200万元的汽车，在行驶功能上不会有太大的差异，但是在驾驶的乐趣、拥有的感受上，以及一系列相关的联想上却会有非常大的差异，200万元的支付正是这些“核心价值”在起作用。给产品赋予“生命的意义”，是中国企业缩小与世界优秀企业之间距离的根本选择。

我认为人类的行为是思想的最佳译员。

——洛克

04

第4章

文化是神　员工是体

在讲授“企业文化管理”课程中，不断地被学生问道，到底在什么情况下，企业文化才能够形成？答案很明确，企业让员工形成一致的行为习惯即是企业文化。很多时候，人们会认为统一思想是文化形成的基本特征，这个理解是大错特错的，文化不是表现在统一思想之中，相反，一个有活力的文化会包容不同的观点、思想，甚至会接受对立和冲突。文化最重要的表现其实是统一行动，一致的行为和习惯，可以带来统一的意志，这样，文化的作用就会发挥出来，所以企业文化最终会表现为员工的一致的行为习惯。

2004 年 8 月，张瑞敏在上海举行的哈佛亚洲商业会议上演讲时说：“20 年前我开始创办这个企业的时候，飞利浦在我脑海里是一个神，那时候我们是什么企业呢？只有 600 人的小街道厂，而且我当时工作的时候，有半年的时间每个月到处借钱开工资。我进厂给工人制定的第一个规章制度，就是不准在车间里随地大小便，像飞利浦、诺基亚这些超级大公司，你们会想到这些情况吗？”张瑞敏正是用西方无法理解的方式构建了今天的海尔文化，没有员工行为习惯的修炼，不会有被人广为称道的海尔文化。员工行为习惯的形成是企业文化最根本的表现，没有员工行为的改变，文化也不可能发挥作用。所有成功的企业文化，都是对员工的行为发挥了作用而显现出来的。海尔如此，微软也是如此。

微软的创新行动

微软从最早卖程序设计语言，到出售操作系统，再到向零售店出售各种应用软件产品，从国内到国外，不断获得发展。但微软始终保持着公司早期结构松散、反官僚主义及微型小组文化等特性的基本部分，从而与顾客更接近，更了解市场需要。面对市场和技术方面的挑战，微软总是奉行最基本的战略，向未来进军。它拥有出色的总裁和高级管理队伍及才华过人的雇员，拥有高度有效和一致的竞争策略与组织目标，组织机构灵活、产品开发能力强、效率高。微软人有一种敢于否定自我、不断学习提高的精神。当然，在其优点和成绩的背后也潜藏着很多弱点。但是，微软正是在克服弱点和发挥优势的过程中不断向前发展的。

比尔·盖茨独特的个性和高超技能造就了微软公司的文化品位。这位精明的、精力充沛且富有幻想的公司创始人，极力寻求并任用与自己类似的既懂得技术又善于经营的经理人员。它向来强调以产品为中心来组织管理公司，超越经理职能，达到实行组织创新，极力在公司内部和应聘者中挖掘同自己一样富有创新和合作精神的人才并委以重任。比尔·盖茨被其员工形容为一个幻想家，是一个不断积蓄力量和疯狂追求成功的人，他的这种个人品行深深地影响着公司，他雄厚的技术知识存量和高度敏锐的战略眼光以及在他周围汇集的一大批精明的软件开发和经营人才，使自己及其公司矗立于这个迅速发展的行业的最前沿。盖茨善于洞察机会，紧紧抓住这些机会，并能使自己个人的精神风范在公司内贯彻到底，从而使整个公司的经营管理和产品开发等活动都带有盖茨色彩。

知识型企业的一个重要特征就是拥有一大批具有创造性的人才，但是创造性人才最大的特点是很难在一个僵化的组织中保持创造性。微软文化能把那些不喜欢大量规则、组织、计划，强烈反对官僚主义的 PC 程序员团结在一起，遵循“组建职能交叉专家小组”的策略准则；授权专业部门自己定义工作，招聘并培训新员工，使工作种类灵活机动，让人保持独立的思想性；专家小组的成员可以在工作中学习，从有经验的人那里学习，没有太多的官僚主义规则和干预，没有过时的正式培训项目，没有“职业化”的管理人员，没有耍“政治手腕”、搞官僚主义的风气。经理人员非常精干且平易近人，从而使大多数雇员认为微软是该行业的最佳工作场所，这种团队文化为员工提供了有趣的不断变化的工作及大量的学习和决策机会。

知识经济时代的核心工作就是创新，创新精神应该是知识型企业文化的精髓。微软人始终作为开拓者——创造或进入一个潜在的大规模市场，然后不断改革一种成为市场标准的好产品。微软公司不断进行渐进的产品革新，并不时有重大突破，在公司内部形成了一种不断进行新陈代谢的机制，使竞争对手很少有机会能对微软构成威胁；其不断改进新产品，定期淘汰旧产品的机制，始终使公司产品成为或不断成为行业标准。创新是贯穿微软经营全过程的核心精神。

真正创建学习型组织的企业，才是最有活力的企业，微软人为此制定了自己的战略，通过自我批评、信息反馈和交流而力求进步，向未来进军。微软在充分衡量产品开发过程的各要素之后，极力在进行更有效的管理和避免过度官僚化之间寻求一种新平衡；以便彻底地分析与客户的联系，视客户的支持为自己进步的依据；系统地从过去和当前的研究项目与产品中学习，不断进行自我批评、自我否定；通过电子邮件建立广泛的联系和信任，盖茨及其他经理人员极力主张人们保持密切联系，加强互动式学习，实现资源共享；通过建立共享制影响公司文化的发展战略，促进公司组织发生变化，保持充分的活力。

从比尔·盖茨，到开放的组织与管理模式、创新精神以及学习型组织，使得微软公司具有大量的创造性人才，微软的员工所展示出来的就是创新与创造，在他们的日常工作中除了创新还是创新，创新已经成为员工的行为习惯。也正是这样，使得微软公司具有强大的创新能力并引领着市场的发展。

海底捞的“变态服务”

到北京的时候，朋友告诉我一定要去试试“海底捞”，起初我并没有特别在意，因为天太热，不想吃火锅。但是在朋友的一再推荐下，我选择了去海底捞吃饭，到了餐厅我被眼前的情景所震惊，三伏天竟然有食客排长队！

海底捞是何方神仙，竟有如此能耐？它靠什么招数赢得“见多识广”的首都火锅爱好者的青睐？问那些三伏天在门外排队的食客，你们为什么喜欢海底捞？

“这里的服务很‘变态’。在这里等着有人给擦皮鞋、修指甲，还提供水果拼盘和饮料，还能上网、打扑克、下象棋，全都免费啊！”

“这里跟别的餐厅不一样：吃火锅眼镜容易有雾气，他们给你绒布；头发长的女生，就给你猴筋套，还是粉色的；手机放在桌上，吃火锅容易脏，还给你专门包手机的塑料套。”

“我第二次去服务员就能叫出我的名字，第三次去就知道我喜欢吃什么。服务员看出我感冒了，竟然悄悄跑去给我买药。感觉像在家里一样。”

2006年，百胜中国公司将年会聚餐放在海底捞北京牡丹园店，并说这顿饭的目的是“参观和学习”。百胜是世界餐饮巨头，旗下的肯德基和必胜客开遍全球，而当时海底捞总共不过20家店。海底捞的创始人张勇说：“这简直是大象向蚂蚁学习。”次日，在百胜中国年会上，张勇应邀就“如何激发员工工作热情”做演讲时，被这些“大象学生”追问了整整三个小时。

1994 年，还是四川拖拉机厂电焊工的张勇在家乡简阳支起了 4 张桌子，利用业余时间卖起了麻辣烫。十多年过去，海底捞在全国 6 个省市开了 30 多家店，张勇成了 6000 多名员工的董事长。张勇认为，人是海底捞的生意基石。客人的需求五花八门，单是用流程和制度培训出来的服务员最多能达到及格的水平。制度与流程对保证产品和服务质量的作用毋庸置疑，但同时也压抑了人性，因为它们忽视了员工最有价值的部位——大脑。让雇员严格遵守制度和流程，等于只雇了他的双手。

大脑在什么情况下才有创造力？心理学家的研究证明，当人用心的时候，大脑的创造力最强。于是，服务员都能像自己一样用心就成了张勇的基本经营理念。怎样才能让员工把海底捞当成家？答案很简单：把员工当成家里人。海底捞的员工住的都是正规住宅，有空调和暖气，可以免费上网，步行 20 分钟到工作地点。不仅如此，海底捞还雇人给员工宿舍打扫卫生，换洗被单。海底捞在四川简阳建了海底捞寄宿学校，为员工解决子女的教育问题。海底捞还想到了员工的父母，优秀员工的一部分奖金，每月由公司直接寄给在家乡的父母。

要让员工的大脑起作用，除了让他们把心放在工作上，还必须给他们权利。200 万元以下的财务权都交给了各级经理，而海底捞的服务员都有免单权。不论什么原因，只要员工认为有必要，都可以给客人免费送一些菜，甚至免掉一餐的费用。聪明的管理者能让员工的大脑为他工作，当员工不仅仅是机械地执行上级的命令时，他就是一个管理者了。按照这个定义，海底捞是一个由 6000 名管理者组成的公司。

海底捞把培养合格员工的工作称为“造人”。张勇将造人视为海底捞发展战略的基石。海底捞对每个店长的考核，只有两个指标，一是客人的满意度，二是员工的工作积极性，同时要求每个店按照实际需要的 110% 配备员工，为扩张提供人员保障。

我不记得自己已经去过多少次这家餐厅了，能够打动顾客的就是海底捞员工的努力，而公司的理念也通过员工的行为传递出去，无论是跑步送菜的员工，还是像表演一样拉面的员工，抑或是站在顾客身边做服务的员工，你看到的都是发自内心的快乐，细腻而准确地解决问题。一餐饭给予顾客一定是赏心悦目，“顾客满意”这四个字可以很清晰地传递出来，不是口号，不是理念，是实实存在的顾客感受。

海景花园酒店的一线员工

青岛的海景花园酒店是我极其推崇的酒店，这家普通的五星级酒店，总是给客人不寻常的感受，总是能够让顾客在细微之处感受到被照顾和关怀，而这一切都是透过一线员工一点一滴的行动感动着顾客。在网络上看到这样两篇博文：

> 在海景香园楼多伦多厅宴请朋友吃饭，也算是家庭聚会吧。吃饭的时候，8岁的儿子要看他喜欢的卡酷动画，要求服务员帮他调出动画频道。我们搜了好多频道，都没有发现“卡酷动画”，后来知道，包间的电视不是有线的，所以就安慰儿子不能看他喜欢的《喜羊羊与灰太郎》，告诉他回家从电脑上补上落下的那一集。当我们几个大人聊天聊得正高兴的时候，突然听到儿子“咯咯”地笑个不停，一看，原来他已经被动画片逗乐了，才知道服务员已经用随身带的对讲机连线网络部门给遥控调出频道了。这让我们非常感动，服务员的这一做法，真正诠释了海景的文化理念之一：“设法满足顾客需求，让顾客有一个惊喜。”
>
> 宴请完朋友，我电话咨询了解到晚上的美容美发营业到凌晨1：30。晚上9：40后，我来到了美容美发中心，想做美容。做

完美容后，我问服务员回房间后刚做完美容是不是可以洗澡，服务员笑着告诉我：我帮你洗洗头发，回去就可以不用洗脸和洗头发了。服务员的反应很快，她站在客人的角度上想问题，立刻让我产生了好感。洗完头发后，我感觉很开心，其实我就是来美容的，没想到服务员又帮我洗了头发，而且并没有增加费用。给客人的也是一种惊喜，美容完了回到房间已经是晚上11：40了，冲完澡想刷牙入睡，挤牙膏的时候，突然发现我自己带的牙膏旁边多了一个“伴”，是一支新牙膏，旁边有服务员的一张小留言条：“看到您自带的牙膏不多了，为不耽误您用牙膏，特意送您一支高露洁，希望您能喜欢。”

我记住了花园里到处可见的表情：微笑。住进酒店给我印象很深的是一位女服务员，尽管我不知道她的名字，但是我却记住了她的微笑，深深的一对酒窝，还有那深深的鞠躬，一个细微的动作我就记住了她。

她为我送水果，临走的时候她和我面对面笑着弯着腰退出房间，我一抬头看到了她的这个动作，我的脑海里立刻想到了日本电影中的女人，温文尔雅，彬彬有礼。我不经意地一声咳嗽，出门以后再回来发现酒店里已经有人送来“金嗓子喉宝”了，还有一张温馨的卡片，提示我吃润喉片。考虑到我的嗓子，他们还专门给我送来银耳汤，作为一个宾客真的有一种强烈的感觉：我是他们的上帝。

为了寻找服务中的问题，我特意设置了一些障碍，在垃圾桶里扔了一双破损的肉丝袜，晚上回房间的时候发现房间里已经放着一包袜子；服务员让在他们准备的意见簿上签意见时，已经给客人准备好了可以选择的小礼物：点心、香水、玩具，旁边还有几张精致的问候卡片和明天的天气预报提示，还有一盘精致的水果。

服务员是怎么知道我的袜子需要买呢？我想知道，于是特意打电话给服务员表示感谢，我问怎么知道给我准备丝袜？服务员告诉我说她看到垃圾桶里有我丢的袜子，心想肯定我出门带的袜子不多，就送给我一包……类似的细节很多，怎么样，海景花园酒店的服务员心细吧？

海景精神是“以情服务，用心做事”，注重以充满真情和细致入微的服务打动客人，进而打造品牌。海景人都懂得，没有给客人留下可以传颂故事的服务就是零服务，努力实现“三个境界”：“让顾客满意——让顾客惊喜——让顾客感动。”海景成为一所育人学校，十几年中不断提炼和升华企业文化，坚持以文化育人，企业文化学习成为员工的必修课。先后编写了《企业文化手册》《优质服务》和《理念一句话》等多种手册，构建了有自己特色的文化体系。十几年的文化渗透，使酒店好的文化理念深深植根于员工之中，使顾客意识和服务观念潜移默化为员工自觉的意识和行动。

“海景人”的行为习惯就是想方设法、竭尽全力去解决顾客的一切问题，看似没有问题也要发现问题，用实际行动超出顾客的心理预期，带给顾客惊喜。这其实是一种对顾客体贴入微的习惯，这种习惯从意识到行动。

达成员工行为共识

微软公司、海底捞以及海景花园酒店，这三个不同领域的公司虽然有着各自不同的特点，但都在各自的市场取得优异的绩效，究其原因就是借助于员工能力的充分发挥，让员工在自己的行动中渗透和表现公司的文化。每个微软人都是创新的人，每个海底捞人都是自我的管理者，每个海景人都是顾客的家人，这些员工所展示出来的风貌，让顾客体验了公司的企业文化，形成了顾客的忠诚度，形成了员工的行为习惯就是核心所在。

那么如何形成员工的行为习惯呢？这就需要我们借助于文化的功能来完成。文化的根本功能就是凝聚力的功能，简单地讲就是达成共识。很多人认为达成共识是很困难的事情，但是我不这样认为，关键是你是否关注为达成共识所必须做出的努力。达成共识只需要做到四件事情：共同的事物、共同的语言、共同的举动、共同的感受。

共同的事物

无论是服饰还是工作场所以及公司的标识系统，都要给员工明确的共同事物的安排。很多时候人们不关心这些共同的东西，但正是共同的事物让员工可以和组织完全保持一致，如海底捞给员工安排好的住宿等，这些都会让员工形成与公司的共识。相同的服装、公开的办公场所、员工一起用餐的餐厅等，包括公司的标识系统、办公用具以及工作环境，这些共同的事物都会带来共识的达成。所以尽可能给员工提供一些共同的事物，可以很容易让员工和公司达成共识。我曾经到一家公司调研，这是一家很有活力的公司。在和员工交流中，我问大家在公司里记得最深刻的事情是什么，很多员工回答说，是第一次到公司上班，公司竟然会给每一位新员工买一个星巴克的马克杯，这完全超出他们的想象，就是这样一个杯子，让他们一下子就喜欢上这家公司并愿意努力地在公司工作。一个小小的杯子就有着这样大的凝聚力，只要稍微用心，提供一些共同的事物给员工，共识就会形成。

共同语言

语言具有特殊的作用是人们所熟悉的。西方的谚语说：世界上最近的距离和最远的距离都在舌头上。这说的就是语言的功效。如果可以让员工有共同的语言，也就让员工之间达成共识而没有距离。一个好的企业文化会让员工不断谈论这样的话题：第一，诚实地了解顾客并追求顾客至上；第二，不强调职位的高低；第三，我们只有合伙人与伙伴；第四，我们不可依靠系统，而是依靠个人的能力来满足顾客的需求。概括来说就是，在企业中谈论三个关键词：顾客、合作、解决问题。如果员工在日常工作中都是谈论这三个关键词，那么员工所形成的共同语言就可以产生顾客导向的文化和行为习惯，就可以形成相互合作、配合的企业文化和行为习惯，就会形成主动承担责任、积极解决问题的企业文化和行为习惯。语言所创造的氛围一定会影响人们的行为选择和习惯，“你今天有什么好的创意？你有什么好的概念？”在这样的氛围下，只能有一个概念——创新、创业！人们会感到这样的冲动，正是创新、创业这些共同的语言造就了斯坦福的特色也成就了硅谷的神话。所以，我一直主张企业要有自己的歌曲、自己独特的语言以及要求，在企业内部引导员工谈论共同的话题，具有相同的语言是形成文化共识的第二个部分。

共同的举止

典型的运用共同举止达成共识的是军队。任何一个军人都会要求自己一切举止符合要求，无论是行走、吃饭、训练以及睡觉，这些完全一致的行为举止训练，使得军队成为强大的组织，并战无不胜。我们在形成企业文化的时候，也一样需要员工具有共同的行为举止。通常情况下，企业中的行为可以分为六种：第一，会议的参与；第二，对于细节的注意；第三，个人关系与人际沟通；第四，在危机中聚集商讨应对顾客需求的对策；第五，品质的标准；第六，劳资关系。这些都是企业中的日常行为举止，这些行为举止的一致性和高标准，就可以形成一个一致的团队。对于举止和行为一致性的训练，是达成共识最有效的途径之一，只要我们观察军队的训练，就很容易获得这样的结论。

共同的感觉

员工的感受是第四个达成共识需要关注的部分。海底捞的经验说明，给员工好的感受有着非凡的意义。这家公司从员工的衣食住行入手，为员工提供良好的服务，这些举措使得员工感受到特殊的待遇，并因为这样的待遇感受到公司对于他们的尊重和珍惜，在内心萌发了自豪感和当家做主的感觉，这样的感觉一旦成为员工的共识，就会发挥出巨大的作用。当一家公司的员工评价公司说“公司对我们很好；我们喜欢这个地方；我们关心公司因为公司关心我们”，那么这家公司就已经形成员工的共同感觉了。海底捞为员工安排专人打扫宿舍卫生，换洗床单，带给员工的就是公司关心员工的感觉，这样的感觉造就了员工对于顾客的关爱。

以上四个方面就是形成员工行为共识的方法。在中国的企业里，因为没有注重共同工作方式的培养，没有约束员工的工作行为，没有强调对于所关注事情的共同标准，所以就无法形成凝聚力，看起来像一盘散沙。其实，达成共识不是太难的事情，只要善用工作环境、工作服装和工具以形成共同的事务，善用管理制度和激励手段以形成共同的举止，善用公司用语以形成共同的语言，善用公司的形象以形成共同的感受，企业的共识也就达成了，企业文化随之就会展示出来。

文化不是口号，而是全体员工的信条和行为准则。文化理念作为行动先导，必须经过转化才能确保落实到行动上。“内化于心，外化于行”，强调结果导向，把文化做实。就如海景花园酒店那样，“把文化运行的过程概括为：理念→机制→制度→行为→结果→激励。坚持五个环节的反复循环，这五个环节是：认同——领悟——渗透——行动——结果”。这里可以再一次明确，企业文化并不是“虚”的而是非常“实”的，所谓“实”就是体现在这四个方面：共同事物、共同语言、共同举止、共同感觉。这些都是实实在在的东西，员工摸得到、看得到，只要管理者愿意在这四个方面做出努力，员工与企业之间的共识一定可以达成。

忽略文化因素的生意人，只有失败一途。

——弗朗西斯·福山

05

第5章

确定核心价值观

从威廉·大内的《Z理论》到彼得·圣吉的《第五项修炼》，企业的价值观在管理理论与实践中占有愈来愈重要的地位。企业价值观在现代企业中的地位变得如此重要，其根本的原因是，企业的真正存在并非是资财的积累、规模的扩大，而是其文化、精神的存在。一旦企业失去了后者或者是形成了某种病态的文化，不论其当时的市场、社会利益如何，不论其在公司庞然大物中的座次如何，很快都会陷入公司的危机之中。危机不是原因，而是结果。事实上，企业的价值观是形成企业素质的最重要因素之一。

企业价值观的认知

人们对意义、价值的体验、反思，一旦形成比较持久而固定的总体性意识，也就形成了价值观。每一个积极探索人生的人，都不能没有自己的人生价值观。这是因为，一个人只有在具备了比较明确的价值观之后，才能进而去选择其生存形态、行为方式、交往准则乃至自我实现的方向，才能知晓如何在现实生活中判别是非、好坏、美丑和善恶。

所谓价值观，是人们以自身需要为尺度来评价对象世界存在和发展基本意义的根本观点。价值观是通过人们对未来的种种美好的憧憬和纷繁复杂、彼此交错冲突的行为主导倾向而展现自身的。

美国人极富挑战精神和冒险精神，日本人的团队精神，法国人浪漫、幽默又好争吵，德国人严谨、理智而又多变，中国人勤劳、勇敢、质朴等，这些是学者对一个民族的精神气质和特点进行的描述和概括。同时，也让人们因此了解了各个民族的价值观特性，价值观不同，决定了他们不同的行为特性。

企业的价值观是由企业和员工的需要构成的价值体系，企业的价值观根植于社会文化，同时又对社会文化产生影响。企业的价值观区别于企业的物质、财富或经济的观念，在很大程度上，企业价值观就是隐含于企业经营思想和管理哲学之后的，并构成其强有力的公司信念或信仰体系。事实上，企业的创新、文化的特征都是以此为源泉；企业的基本抉择行为规范是以此为轴心加以调节、变动的；企业的存续、发展是以此为核心而维系的。

在曾经引起美国企业界和管理学界震动的“Z 理论”中，企业的价值观具有重要地位，威廉 · 大内指出，“日本公司的基本管理方法包含在管理宗旨里。这种宗旨是含蓄的企业理论、描述企业的目标以及实现的步骤。这些目标代表业主、雇员、顾客和政府管理者的价值观。”而对于 Z 型公司来说，“重要的是把宗旨中所表现的原则应用于每天的工作生活中去，以便使行为的和相互影响的文化模式能够得以发展。一种一贯的组织宗旨的制定必须依赖于一套基本的价值观和信念，使它们在内部互相一致，进而与外部经济市场和社会环境的现实相一致。”

成功的公司几乎像维护宗教信仰一样维护自己的核心价值观——除极少数情况外，从不改变它。这些公司的核心价值观实际上已原封不动地保持了 100 多年。

井深大创造的最伟大的“产品”不是收录机或栅条彩色显像管，而是索尼公司和它所代表的一切；沃尔特 · 迪士尼最伟大的创造不是《木偶奇遇机》或《白雪公主》，甚至也不是迪士尼乐园，而是沃尔特·迪士尼公司使观众快乐的超凡能力。山姆·沃顿最大的创造不是沃尔—玛特概念，而是沃尔玛公司——一个能够以最出色的方式把零售概念变成行动的组织。它们的主要贡献是一种永不过时的东西：一个有着高度适应力的组织，这个组织有一笔代代相传的“精神遗产”，一套根深蒂固的价值观。这些优秀的甚至伟大的公司都因为其核心价值观而得以持续，这一点尤其需要我们注意。

公 司 魂

一家企业正像一个人、一个民族一样，共同的文明意识、文化成就感、文化心理是其彼此之间得以认同、聚合的基础。进一步说，共同或大体相进、一致的理想、追求、精神境界是其得以共鸣、和谐、联合和不断进取的基础。一个具有优秀文化环境的企业文化共同体，其员工不论是终身受雇，还是有变迁，都会对公司终生怀念、永志不忘。这一切都是靠给人以启迪、催人觉醒、令人振作、激励人奋进的企业的“灵魂”，靠的是永远给人以向往、憧憬、激励的企业精神。

创业的经验可以借鉴，企业的文化气息和价值追求则是由企业的自身底蕴和终极目标决定的，无法效仿。新东方的独特文化和价值观的来源是俞敏洪和伙伴身上所凝聚的巨大精神能量和成长经历。俞敏洪比喻新东方的精神成长史，就是由纯洁的、松散的面粉被逐渐揉成面团，这时候，越来越具有了韧劲儿、弹性、张力和分量。毋庸置疑，新东方的魅力，新东方的不可复制性，新东方一枝独秀，皆由其独特的企业文化和人文气息而造就，这种从绝望中寻找希望的精神值得所有人细细品味。

俞敏洪曾说：“新东方精神对我而言，是我生命中一连串铭心刻骨的故事：是在被北大处分后无泪的痛苦，是在被美国大学拒收后无尽的绝望，是在被其他培训机构恐吓后浑身的颤抖，是在被医生抢救过来后撕心裂肺的哭喊；新东方精神对我而言，更是在痛苦之后绝不回头的努力，在绝望之后坚忍不拔的追求，在颤抖之后不屈不挠的勇气，在哭喊之后重新积聚的力量。”十几年来，他执着于“追求卓越，挑战极限，从绝望中寻找希望，人生终将辉煌”的新东方精神，从来没有改变过。

应该讲，一个企业具体形成一种怎样的企业精神，不同的环境、不同的背景下的公司，肯定会不同，但是作为一种优秀的企业文化，不论一个企业灵魂具体的精神特质和文化倾向如何，都会或多或少地涉及这样四个方面的内容：①企业家精神；②超越精神；③青春活力；④成就感。若能够形成并一直保有这四种精神，就可以主宰自己而不受环境的干扰，繁荣时遥遥领先，不景气时也照渡难关，勇往直前。

守护企业价值观，需要像守护灵魂一样。正如德鲁克先生所言：“只有明确地规定了企业的宗旨和使命，才可能树立明确而现实的企业目标。企业的宗旨和使命是确定优先秩序、战略、计划、工作安排的基础。它是设计管理职位，特别是设计管理结构的出发点。战略决定结构，战略决定某一企业中的关键性活动是什么。”只有全体员工明确企业的核心价值观，才有可能推进所有的行动。

富有生气、极为个性的企业必定是这样一种价值观：能够明确阐明这家企业，什么是最重要的，什么是不重要的，从而有助于该企业保持特色。这样一种价值观还能使企业有计划、有效率，并使分享这个共同文化的人互相协调。这需要的不只是有关公司的是和非的一种模糊概念，而是公司明确的判断，为了让员工能够很好地理解并身体力行，最好采用所有员工都能得到的小册子的形式。

看看下面这个例子。在 2005 年 7 月阿里巴巴的半年度总结大会上，马云和多名高层都上台强调了一个“严峻”的现实：随着阿里巴巴的规模和员工数的迅速增加，在创业之初和扩张过程中一直被“小心翼翼”地维护得十分完好的价值观现在已经有被稀释的倾向。几乎令马云感到万分委屈的是一件小事：有一次他有事找一名基层员工，偶尔谈起有关阿里巴巴的价值观问题，这位员工的反应却是："你们高层现在还重视价值观问题吗？"

这个反应几乎让马云觉得"五雷轰顶"。正因为如此，员工大会之后，在阿里巴巴主管价值观的人力资源部门几乎天天加班，讨论马云布置下来的这个问题：如何在公司规模扩大的情况下，进一步灌输阿里巴巴的价值观。"在这个问题上，马云的观点是不惜一切代价。"在一个阿里巴巴高层保存的对外宣传资料里，"有价值观的企业"被放在"持续高速发展的企业"之后，作为阿里巴巴的第二大特点向外界推荐；"而我们对价值观形成的信条有触犯的员工，在处理上从来都没有手软过。最近有一个销售业绩排在前五名的销售员，因为在与客户的电话里谈到过回扣的事，明确表示愿意用自己的销售提成来付给顾客回扣，而这触犯了我们价值观中的诚信这一条。他的通话在我们抽查监控电话录音时被查到，这个员工当天就被开除了。"阿里巴巴的一名人力资源主管这样介绍道："这是阿里巴巴的天条。"

阿里巴巴为了维护自己的核心价值观，不仅从马云自身开始，公司高层都把核心价值观作为最重要的工作。在阿里巴巴，核心价值观与企业发展具有同等重要的位置，甚至当员工的行为与核心价值观违背的时候，公司一定会保护自己的核心价值观，因为这是阿里巴巴的天条，为了保护公司的天条，需要做出具体的努力并使公司全体员工能够明了。

核心价值观的具体体现

俞敏洪和马云所努力维护的正是企业核心价值观，是企业所有成员必须遵守的宗旨，按照威廉·大内的见解，一个企业的宗旨必须包括：

①组织目标；②组织的作业程序；③组织的社会和经济环境对组织所产生的限制条件。人们对于价值观的认识是通过企业运营中的相应活动表现出来的，并不仅仅是一句理念或者一个口号，而是具体体现在企业的关键活动和关键构成要素中，通过这些就可以真实地体验到企业的核心价值观。借助于企业活动和要素可以更好地理解企业核心价值观对于每一个关键环节的影响和作用，我选择利润、顾客、成长、人员、管理、公民身份六个活动或要素来描述。

利润

利润是一个企业必须实现的目标，然而如何设定利润目标，如何用利润目标来牵引员工的行动，什么利润才是企业倡导的，这些问题必须阐述清楚。很多情况下，企业会认为追求利润是理所当然的事情，这样的认识很普遍，但是却存在着误区。一方面，企业创造利润的时候，并没有确定用什么标准来衡量利润的价值；另一方面，经营者并没有真正地理解利润和顾客的关系、利润和投资者的关系、利润和企业发展的关系。这两个方面的问题如果没有很好地解决，利润对企业来说并不是最好的目标。一些经营者单纯地理解为利润是成本和价格的关系，这样的理解存在太大的局限性，如果坚持这样理解利润，就会导致过度追求发展、盈利和竞争。导致单纯追求利润的原因，就是因其核心价值观如此，解决这个问题，还是需要从调整核心价值观开始。一定要了解利润并不是企业追求的结果，利润只是衡量运营结果的一个指标，如果以利润为目标，最终一定使企业陷入困境，因为利润与成本和价格相关，忽略了顾客这个关键因素。而一旦忽略了顾客，企业也就失去了存在的意义。因此，需要企业在核心价值观里明确，利润更需要解决与顾客的关系，与企业发展的关系，企业的盈利如不能够确定为顾客创造价值，不能够提供企业持续发展的资源，一定是错的。利润相对于顾客和企业发展而言，是一个相互依赖的关系，利润必须以顾客价值和企业发展为约束条件，而企业发展和顾客价值的获得也依赖于利润的贡献。因此，一旦体现了顾客的价值观可以借由利润的获得而展示出来，此时利润不是目标，仅是结果而已，企业的目标是为顾客创造价值。熟悉 BP 发展理念的人都知道 BP 有一个核心价值主张，就是“我们的政策”。BP 告诉公司的全体成员，必须清晰五个政策：从根本上讲，**利润的目标只为以下目的服务：为了支付公司发展所需要的资金，为了提供达到顾客目标所需的各种资源，企业必须获得足够的利润。**

顾客

想到顾客就会让我想到德鲁克先生，德鲁克管理思想的核心就是以顾客为中心。在他的第一本管理类书籍《公司的概念》中，他将通用汽车公司的成功归因于董事长阿尔弗雷德·斯隆对于顾客的独特理解而不是他的管理方法。2004 年，在他发表于《华尔街日报》上最后一篇评论文章《CEO 的角色》中，德鲁克先生再次提出一切要从了解顾客开始。顾客是企业得以存在的根本原因，企业所有的努力是交由顾客做出评判的，因此与顾客的关系成为唯一的也是最有效的价值判断标准。公司的战略、公司的管理流程、公司的关键活动、公司的质量标准等，公司所有活动是否以顾客作为出发点，是衡量一个企业是否具有价值创造能力的关键标准，包括创新也必须围绕着顾客的价值展开，这既是企业自身的定义决定的，也是现实经营的要求。洞悉顾客需求，并不像人们想象的那么困难，为什么许多中国企业却无法做到这一点？根本原因是这些企业没有真正转变为以顾客为导向的思维方式和管理习惯。许多企业管理者，尤其是高层管理者已经没有机会贴近顾客，失去了真正了解顾客的途径。上述一系列观点就是要求核心价值观引申出来的判断，必须以顾客为导向做出价值选择，这会让企业站在顾客的角度来衡量公司的一切活动，也因为一切以顾客为导向，企业得以与顾客站在一起从而获得持续发展的驱动力量。

正如德鲁克先生所告诫的那样：

想要弄清楚我们的事业是什么，第一是问：“我们的顾客是谁？”谁是我们真正的顾客？谁又是我们潜在的顾客？这些顾客在哪里？他们如何购买？如何才能接触到这些顾客？

下一个问题是“顾客购买的是什么？”凯迪拉克的员工说他们制造汽车，因此他们经营的是通用汽车公司的凯迪拉克汽车。但是，为了一辆崭新的凯迪拉克汽车不惜花费 4000 美元的顾客，他买的是交通工具，还是凯迪拉克汽车的名气？换句话说，凯迪拉克的竞争对手是雪佛兰、福特汽车，还是——挑个极端的例子来说——钻石和貂皮大衣？

提出“顾客购买的是什么”的问题足以证明，管理人员赖以决策的这些市场和竞争的概念是多么的不完整。

最后是最难回答的问题：“在顾客心目中，价值是什么？顾客采购时究竟在寻找什么？”的确，顾客对于价值的看法十分复杂，只有顾客自己才能回答这个问题，企业管理层甚至不应该试图对其进行猜测，应该以系统化的方式直接向顾客探询真正的答案。

华为总裁任正非先生就是这样告诫华为高层管理人员的，企业高层领导的责任包括三件事：布阵、点兵、与顾客沟通。任正非这样要求高层管理者并确保他们可以做到，华为的高管团队成为公司得以在激烈的产业竞争中保持领先位置的要素之一。因此，**公司的目标应该是：向公司的顾客提供尽可能多的物品和服务，从而获得并保持他们的尊重和忠诚。**

成长

企业成长依据的资源和条件，决定着企业是否可以持续并具有价值能力，所以设定企业成长的目标必须考量自身的能力以及所处的环境，企业如果脱离开环境和自身能力来设计成长，这样的成长是非常危险和极其有害的。并不是所有的成长都应该追求，一味追求规模和成长，忽略了企业最需要关注的问题，只会导致企业走向危机。因此，作为企业的经营者需要更加清晰企业成长的依据是什么，企业成长的动力是什么，企业借助于什么样的条件和能力来成长。在2008年的时候我写了一本书《中国企业的下一个机会》，在这本书里，我很想说明中国企业需要改变自己的成长方式，因为在1978～2008年的30年间，中国企业的增长速度非常快，很多企业从一个小小的企业长大成为超过十亿、百亿，甚至千亿的公司。但是，当总结这30年的成长动力的时候，发现大部分的中国企业都是采用过度资源投放获得的增长，而不是真正的价值成长，这些企业透支了自然资源、劳动力资源，甚至顾客资源。今天，经营环境和顾客的成长需要企业做出改变，如果不能够适时改变、转变成长方式，这些企业一定会被环境或者顾客淘汰。2010年丰田"召回门"事件就是一个深刻的教训。2010年3月1日下午，丰田汽车总裁丰田章男在北京举行说明会，向中国消费者鞠躬道歉，以下是丰田章男发言的摘录（丰田官方网站）：

"丰田认为，对于发生的问题，作为汽车厂商来说重要的是不隐瞒事实，而是把顾客安全放在第一位，遵照当地法律采取适当的市场对策。并且，更重要的是深挖问题真因，防止再次发生。丰田公司发生这些问题的背景，与过去几年来持续高速发展自己的业务有一定的关系。企业的增长速度过快，可是员工和组织结构的成长跟不上，导致这么多问题出现，我们已经深刻反省这些问题。换句话说，我们正在反省是不是已经超越了丰田自身能力的高速发展，使丰田一直以来最为重视的对于造物、造车的苛求而有所疏忽。今后，我们将进一步强化‘安全’‘质量’体系，正如刚才介绍的措施以及对相关部位进行技术改善，同时，也要探讨如何进一步强化质量管理。对于丰田来说，顾客第一。对于顾客来说，提供受大家喜爱的汽车，并确保汽车的安全性能和质量则是最重要的。下面，我向大家说明具体的改善措施，关于如何加强质量管理这一点，我认为应该回归到‘顾客第一’的原点，改善迄今为止的方法和流程……以上这些就是我们为了尽早挽回消费者信心，全力改善‘安全’‘质量’而采取的措施。重新审视工作方法、人才培养方法，虚心倾听顾客的声音，把安全性和质量放在第一位，为了能够使‘制造高品质的汽车’早日恢复而加倍努力。”

透过丰田章男的言语，人们发现丰田在最近的发展中遗忘了“创始人哲学”，包括丰田章男及其员工在内的所有丰田人的价值理念已经逐渐变为追求企业的利益和规模，这与丰田原本的以顾客价值为导向的价值理念相违背。而原来丰田之所以具备良好的组织绩效，正是因为丰田全员拥有并践行了丰田以顾客价值为导向的组织精神，即丰田章男提及的“造物”“造人”“造钱”的丰田精神。“造物”是指为顾客提供优质的产品，“造人”是指培养一大批信仰丰田精神的员工，在“造人”和“造物”的基础之上，丰田才能为自己“造钱”，即追求金钱和规模是满足顾客价值之后的事情，而不是目的。今天，正是因为丰田人和丰田精神在契合度上的下降导致丰田在对于顾客的表现由“精益制造”变为了“质量召回”，这是非常值得我们反思和警醒的。企业成长需要价值的约束，这就是：**要使企业的成长只是受到企业的利润和员工发展及制造真能满足顾客需要的技术产品的能力的限制。**

人员

企业如何看待员工，会影响到员工是否能够真正有效地发挥作用，并在自己的行动中体现企业核心价值观。在现实工作中，企业的形象、企业的服务、企业的质量均是由员工，特别是员工的行为决定的。一个拥有高素质员工队伍的企业，也一定是一个具有强大竞争力的企业，这是所有成功企业反复验证的。人们越来越认同，提升经济绩效的最大契机完全在于企业能否提升员工的工作效能。长期以来，我一直认为人力资源是企业的第一资源，企业的差距从长期来讲是人力资源的差距，而人力资源对企业发展的贡献，在很多方面不如组织的创新能力的贡献，因而认为组织的创新能力也将构成企业长期发展的影响因素，而同样有深远意义的贡献是组织适应能力的贡献。组织适应力是保证企业组织不断延长生命周期的能力。研究说明，企业组织对环境的适应能力，对变化的适应能力，对战略的适应能力，是保证企业不断延长生命周期的核心要素，企业这些适应能力的强弱将很大程度上影响企业的长期发展，员工正是这些适应能力的真实来源。释放员工能量，依靠员工来打造企业核心能力必须成为共识。

德鲁克先生总结 IBM 成功经验的时候，介绍了 IBM 公司的一个激发员工能力的做法："工作丰富化"。有一天，IBM 总裁托马斯 · 沃森看到一个女作业人员坐在机器旁边无所事事。沃森问她为什么不工作，女作业员回答说："我必须等安装人员来更改机器设定，才有办法展开新的工作。"沃森问："你不能自己动手吗？"女作业员回答说："当然可以啊，但是我不应该自己动手做这项工作。"沃森因此发现每个工人其实都可以做更多的事情。

沃森决定扩大员工的工作内容，结果出乎意料，因为扩大工作内容，IBM 的生产数量和品质都大幅改善。由于让员工有机会得到培训和提升，有机会调整工作的速度和节奏，有机会改变工作的安排，这种做法不但使

IBM 的生产力持续提升，而且也大大改变了员工的工作态度。事实上，无论是 IBM 公司员工，还是外部的观察家，大家都认为“工作丰富化”最大的收获其实是提高了员工对于工作的自豪感，从而提升了效率。

我非常认同 IBM 的做法，尤其是在今天，更多的员工具有良好的知识基础，具有理解和处理问题的能力，并拥有非常丰富的信息以及无尽的创造能力。当我们选择了员工参与到公司的业务中时，我们需要做的是信任他们，并提供一起工作的平台，需要为员工打造一种工作氛围，这种工作氛围是使每一个员工都可以发挥作用，并承担责任，自我独立、自我负责。这种氛围中的员工，可以释放创造力，可以以自己适合的工作方式给其他员工提供支持和帮助，因为是员工喜欢的方式，带来的就是效率和工作品质，以及令人振奋的创造。因此对于人员的目标只能如此：**帮助公司的所有人员分享公司的成功。正是他们才使得这种成功得以实现；以他们的工作成绩为依据，为他们提供职业保障；承认他们的个人成就；保证他们由于完成工作而产生的个人满足感。**

管理

管理活动贯穿企业整个系统，而这些活动是最能直接反映企业核心价值观的。从经典的管理理论中，我们知道管理的通用定义是：通过人员及其他机构内的资源而达到共同目标的工作过程。这个定义明确地告诉我们，管理需要实现目标，管理是一个共同工作的过程，管理是人和资源的结合。这样的界定，已经很清楚，但是在现实的管理活动中，我们还是没有能够实现目标，或者即便是实现了目标，很多人也会觉得付出太多，内心并不快乐。而更多的管理者陷入日常的人事困扰中，员工们却认为并没有获得很多管理者的支持，一些企业中“管理”成为没有效率的代名词。为了说明管理的功效和价值，我专门写了一本书《管理的常识》，把影响组织绩效的 7 个管理基本概念做了一个详尽的阐述。我写作这本书最真实的原因就是希望人们能够真正发挥管理的绩效，因为管理的绩效决定所有人的绩效。如果说释放员工能量是企业获得成功的依据，那么释放员工能量的前提条件是管理必须有效。

2010 年 1 月 23 日到 5 月 25 日，不到四个月的时间，富士康遭遇了员工“十连跳”，造成了 8 死 2 伤的后果。这些跳楼的员工年龄在 18～24 岁之间，大多是富士康的新员工。他们选择跳楼自杀的原因则涉及情感问题、工作压力等多种因素。“十连跳”使新生代农民工问题进入公众视野，也使富士康这个庞大的代工厂成为社会关注的热点。

> 根据《北京青年报》周春林的报道：一个民间组织组建了“富士康网友观察团”，观察团的 12 名成员由 8 名外部网友和 4 名富士康内部员工组成，均为农民工，其中从事人力资源管理的 2 人，普通工人 5 人，法律工作者 2 人，教师 1 人，其他职业 2 人，平均年龄 28 岁。观察团成员向约 50 名富士康员工包括普通员工和基层管理人员进行调查，进行实地工作体验，并获得了部分内部资料。考察团得出了初步的结论：既有与员工签订劳动合同、准时支付工资报酬、购买保险等正规的一面，又存在工资偏低、超时加班、管理方法粗暴等问题。

很多人在分析造成这些悲剧的原因，甚至延伸到社会问题、产业转型等问题上。这些归因也许都成立，但是我更倾向于这是一个管理的问题，一个需要还原到如何正确理解“什么是管理”的问题，一个需要尊重人而非管人的问题。如果从宏观层面去寻找根源，这样的错误还会继续出现。富士康多是年轻人，他们精力充沛，对未来抱有期待，同时又容易情绪波动，他们渴望丰富的业余生活，但现实生活又太过枯燥乏味，富士康也没有给他们搭建交往的平台，下了班，他们就是孤立的个体。庞大的集团管理要求 80 万人步调一致，强调的是共性；而现在是一个个体意识觉醒的时代，年轻的产业工人要求体现个性，这必然会产生矛盾，而化解这些矛盾正是管理本身的事情。德鲁克先生对我最大的影响就是他所强调的管理者需要贡献有效性和价值的观点，而我同样坚持管理必须反映企业的核心价值观，必须依赖于企业的核心价值来展开活动。**所以，管理的目标是：使个人在实现明确规定的目标时有充分的行动自由，从而鼓励人们的主动性和创造性。**

公民身份

明确企业和社会之间，企业和环境之间的关系，对于企业自身以及管理者自身都是至关重要的，企业的高速发展所带来的一系列问题呈现在管理者和企业的面前，以往不关注的问题在今天也许成为至关重要的问题。在总结中国企业 30 多年成长的历史中，我也归纳出中国企业需要克服的四种“成功陷阱”——单一产品的成功、单一资源的成功、企业家个人的成功和没有付出规则成本的成功。这四个问题的确是中国企业发展过程中的问题，但是随着全球化的进程、企业自身能力的改变、市场环境的变化，这些问题都会浮现出来，如果我们不面对并做出相应的调整，那么被淘汰的就是中国的企业。

2010 年上海世博会成了当年夏天中国最大的盛事。应《哈佛商业评论》(中文版）的邀请，我也有幸参与到观看世博的人潮中，对我触动最大的是涌动的人流，至今依然是一个令人震惊的 7000 万入园人数。关于上海世博的信息非常多，令我感兴趣的是可口可乐所做的数字营销，可口可乐跟腾讯的 QQ 团队合作，进行一个大规模的社会化媒体活动。可口可乐将 3 个孩子和 206 个海宝送到全世界去，不管孩子和海宝到了哪里，他们都会在那里和人们拍照、讲故事等。这是一个很美丽的关于“海宝环游世界”的故事，人们环游世界的故事，跟海宝联系起来，因为很多人都想跟世界分享，了解全世界都发生了什么。可口可乐在这个海宝游世界的活动中，还借助世博护照交换邮戳，他们已经收集了 4 亿邮戳，交换邮戳次数达到了 4000 亿次。人们不断地在收集和交换邮戳，这是对上海世博会的纪念，对海宝的纪念，是纪念对中国 2010 年世博会的感觉。就是这种很简单的活动，变得非常有影响力，可口可乐的这个上海世博新故事让我们理解新的顾客沟通的模式，以及如何借助于商业机会来承担自己的公民责任。全球一致的行动以及对于环境的关爱，已经不是哪一个地区或者哪一个人的责任，而是所有人的责任。中国企业的经营者需要更加清楚自己身上的责任和挑战，更加需要做出巨大的努力来承担责任和面对挑战，所以企业需要设定这样的目标：**企业尊重企业对社会所承担的义务，企业要成为经营所在的每一个国家和每一个社区的一项经济、智力和社会财富。**

全新的经营观

今天比以往更需要全新的经营观，朝向和谐的社会发展，这些不仅仅影响企业营销在市场上所做的诉求，更冲击着企业的管理方式和领导员工的价值观。人们已经意识到无法忽略公司最重要的资产，即以员工为代表的“智慧资本”。英国管理哲学家查尔斯·汉迪教授在他的《饥饿的灵魂》一书中说道：“（人们）虽然找到关于经济增长问题的部分答案，但却不确定对此能够做些什么的社会所面临的困境。在非洲，人们说渴望分为两种：渺小的和伟大的。渺小的渴望，是指获取维系生命所需的东西：必需的商品和服务，以及购买这些东西所需的金钱，这些是每个人都需要的。而伟大的渴望，则是追寻一个问题的答案：生命的意义是什么？”当企业必须承担伟大的渴望的时候，企业自身以及管理者本身的价值观都需要提升到一个全新的高度。

全新的经营观包括两个部分：超越商业领域、拥抱未来。哥本哈根未来学研究院甚至把公司比喻为部落，企业自有的历史、神话、仪式和价值观，甚至拥有自己的英雄和反对派。简言之，这是社会缩影，企业不再是一个简单的经济体，还需要也必须要满足一个共同的目标：尊重和满足人的需要。人们已经不再被财富所迷惑（虽然我还是要承认今天财富依然具有强大的力量），任何事情都可以商业化的这种趋势并不是人们真正想要的生活。金钱只是生活的工具，并非人生的意义，人生具有未来的无限可能性，这种可能性丰富了生活，也丰富了世界，也因此具有了多样性和差异性，这一切提供了更加广阔的市场和前景。正是这样的共识，要求人们做出改变，从商业化的流行趋势中解脱出来，回归到人生的真正意义上来。

超越商业领域

全新的经营观必须是超越商业领域的，企业的核心价值观必须能够体现这样的价值追求。如彼得·德鲁克经常指出的那样，企业面临空前的挑战，必须制定和宣传战略，来激励员工和合作伙伴，从而让他们具有明确的共同目标和方向。在《德鲁克最后的忠告》一书中有过这样一段描述：

> 德鲁克将自己定位为歌德剧本《浮士德》里守望者的角色。在最后一幕与恶魔墨菲斯托菲利斯定下盟约时，浮士德终于说出了忌语："请记住！人生是多么美好！"就在戏剧的高潮前，在瞭望塔顶部的守望者林扣斯先大声地做了自白："坚持守望，认真守望！"然后就开始报告这里发生了什么，那里又有什么情况等。观察这个世界将面临什么挑战和机遇——这就是德鲁克的工作职责；这也是在以后 10 年想要在商界生存发展的每一位 CEO 的工作职责。

正如德鲁克 75 年来一直坚信的那样，企业是实现重视个人价值的重要引擎，正是对于这个问题的重视，德鲁克一再告诫人们，大多数企业经营所依据的假设都不再适应现实。企业需要在一个全新的假设下来面对现实提出的挑战，这些挑战可以称之为一场“安静革命”，如果企业和组织不能够重新定义，就会像恐龙一样难逃覆灭的厄运。要做出根本性的改变，就需要调整企业经营的假设。我在《超越竞争》一书中比较了两种经营假设，即传统的经营假设和新的经营假设。传统的经营思考起始于这样的假设：价值是由企业创造的。通过选择产品和服务，企业自主地决定它所提供的价值。这样的经营假设，企业需要一种与消费者之间的连接点——销售过程——使产品和服务从企业的手中交付到消费者手中。今天的消费者有更多的选择并具有更强的评价能力，所以更加不容易满意，传统的经营假设已经无法满足消费者的需求。新的经营假设的核心是：价值是由顾客和企业共同创造的。普拉哈拉德也持有同样的观点，他说：“传统企业的关注焦点和企业对于价值链的关注，是创造和向消费者转移产品所有权。但是，消费者的目标越来越表现为获取他们想要的体验——而未必一定是产品的所有权。”这样的经营假设，企业需要从消费者出发再回到消费者那里，一切源于消费者的价值创造。

如果真正用顾客的思维而非企业的思维方式来经营企业，就要求超越商业领域，回归到顾客的价值上来，围绕着人以及人的需求展开，而非企业的利润。2005 年，宝洁公司董事长、总裁兼首席执行官雷富礼说：

> “首席执行官必须为组织创造必要的环境来解决问题和抓住机会。更重要的是，他必须让人们去了解事情的真相，而不是凭主观愿望去想当然。首席执行官是连接外部世界的真实性和企业内部世界的狭隘性的平台——首席执行官处于将外部世界真实性引入内部的独特位置。作为首席执行官，你必须每天提醒自己注意到这一点。我的意思是，当你走进办公室时，就要想到谁是真正的老板？客户就是老板。什么是我们的核心资产？在宝洁，我们的核心资产是我们的品牌和我们的知识型员工。”

宝洁不再问“在这个国家推销我们的产品系列最好采用什么方法”，而是思考“客户能够支付的合理价格是多少”。然后研制配方和制定供应链策略来满足客户需求，这就是宝洁得以成为全球最具价值公司的基本假设。这样的经营假设使员工具有信心，使宝洁具有市场经营者的优势和文化特征。

拥抱未来

全新的经营观必须是拥抱未来的，或者用更简单的方式来说就是，以未来决定现在。衡量一个企业最重要的标准是其预见和投资明天机会的能力，是其先于顾客需求变化而做出的变化。更多的时候我会被这样的一些公司所感动，正是因为它们的努力，我们获得了了解自然的能力、无障碍沟通的能力、窥见微小世界的能力。没有这些企业，我们也许失去了实现梦想的可能性，就如诺基亚而言“一切皆有可能”。

1971 年起步的星巴克，到了 2006 年，已经发展成为在全球 37 个国家拥有 12 000 多家店面的巨型咖啡连锁店。正如星巴克人自己所言，星巴克所展示的不仅仅是一杯优质的咖啡，如果是这样，就是咖啡零售业的传统思想。相反，星巴克的管理者怀有一个远大的理想：使星巴克成为你在家庭和办公室之间奔波时能够小憩一下的去处。因为星巴克的管理者知道这是人们的新的生活方式，当星巴克管理者开放想象、理解未来的生活方式的时候，星巴克也因此成为人们日常生活中的一个构成元素。

拥抱未来就是具有不断创新和创造的能力。我喜欢沃尔特·迪士尼的创新，他的公司是个杰出的例子，迪士尼总是带给我们快乐和亲密的感觉；我也喜欢 IBM，它总是让我从它的发展方向上看到未来的变化和趋势；我和很多人一样被苹果公司的革命性产品所折服，苹果公司的每一款全新产品出来，几乎都会引起市场巨大的反响，在一个产品极度丰富的年代，还会出现争先恐后、通宵排队购买产品的场景，一定是苹果公司所创造的奇迹。这些公司不仅用创新带来了强劲的增长，更重要的是借助于它们的创造，使人们获得了更多的体验，从而更有效地发展自己。最近看到的一个案例让我更确信全新的经营观所具有的魅力。

2008 年金融危机对中国涂料行业的影响日益显现，行业增长速度明显放缓。但是，三棵树涂料股份有限公司在危机中凭借高科技产品、优势品牌、充裕资本金以及雄厚人才等优势，以“健康”理念和产品开拓市场，有效化解了危机的影响，2008 年公司涂料项目同比增长 60%。三棵树前瞻性地了解到人们对于环境污染的认识，开始在国内倡导“健康漆”理念，并致力于开发各类健康产品，向市场推出全球首创、应用太空技术的涂料产品。据了解，2005 年，三棵树首次借助“神六”飞船开展了自己的第一次搭载试验，此次试验帮助企业获得了一系列宝贵的太空试验数据。经过两年的潜心研究，三棵树已经将太空技术全面应用在即将推出的“太空漆”上。该系列产品健康性能优异，耐候性极佳，拥有超低气味，而且其独特的去除甲醛能力达到 92% 以上。不仅自身无污染，还解决了其他家装材料带来的甲醛污染问题，达到了有效净化室内空气的目的。除了“太空漆”产品外，三棵树还研制出“生态漆”。三棵树在生态漆中加入独特的负离子发生剂，可使分子产生质变，持续释放负离子，让墙面可以进行“深呼吸”。这样不断地围绕着“三棵树下，健康人家”的核心价值观展开创新和研发，使得三棵树取得了惊人的成效。

以未来决定现在，可以让企业用更长远的标准来行动并做出选择。另外一方面是，一个企业如果具有未来的视野和眼光，会更加开放，更容易吸收新技术和新观念，更容易接受变化并利用变化所带来的机遇。拥抱未来，可以让企业接受挑战；包容对立，可以使得企业更加年轻，人员具有更强的超越自我的能力，不会停留在以往的成绩上，也不会陷入停顿的状态，不会被动地面对环境，反而具有主动接受挑战、不断创新及超越的能力。一句话说，就是具有了拥有未来的基础。

全新的经营观要求企业一定要关注自身的基本假设，时刻检讨企业与顾客、与环境、与变化、与未来之间的关系，保持与企业和环境的互动。整个环境的确已经改变，我们得承认这样的改变，从而考虑如何安排属于未来的自己。可口可乐（中国）高级整合市场总监嘉景荣（Andres Kiger）说："有趣的是，你要么违逆，要么上前拥抱。我们公司认为，这是一个很有吸引力的世界，我们要拥抱它。我认为，我们应该谨慎，不能太具娱乐性，不能为了技术而盲目追逐新技术。因为每天都有新的东西，每天都有新的产品。对我们来说，首先应该决定基调，然后决定哪些工具是你想要的，哪些是最有帮助的。就像可口可乐的世博的故事，会有令人吃惊的结果。"

得益于技术，人们了解资讯和世界的方式越来越多，因为互联网电视、iPad、云技术等，人们的阅读以及创新的方式已经发生了很大的改变。正如很多评论所说的那样，这些一定会改变传统的传媒产业，也会让人与世界的沟通变得更多元、更丰富以及更复杂。我们应该像上海世博、可口可乐、苹果那样主动拥抱创新，认识到这些变化，并欣赏和利用这些变化，让我们想要传达的更有影响力。

其实，所有的产业也因为技术而具有同样的变化。这就要求企业明白，今天的消费者控制着他们"想要什么""什么时候需要"。在以前，顾客需要自己主动找企业，比如说看企业设计的电视节目；但是现在，消费者在任何地方、任何时候，都可以看到电视节目，他们可以随时跟他们的朋友交谈。因此，企业需要改变自己的角色，主动和顾客互动，寻找到与顾客之间的互补，了解到什么方式是顾客习惯的、渴望的，了解到怎样设计一个平台让顾客可以互动，形成社会化的网络。

人人参与成为新一代的消费特征，让大家联结在一起，本身就是一件值得学习的事情。所有的东西都是新的，技术让一切皆有可能，而这些新的感受和机会又会推动技术的进一步创新。愿意尝试新的东西和平台，真的是很令人兴奋的事情，但是是否可以拥有这新的感受和机会，取决于企业的经营观能否与时俱进！

什么既是目的又是职责呢？那就是，使我们自己完美，使别人幸福。

——伊曼努尔·康德

06

第6章

成为领袖

你一定看到过排成V形的雁群从头上飞过，留下渐渐远去的鸣叫声，那正是你所看到的卓越的领导模式。大雁的这种行为蕴涵着科学道理：V形构成挡风墙减少雁群总体花费的力气，领头雁正面迎风，而飞在它后面的雁受到的气流冲击将减弱，因此飞行起来毫不费力。

但是，领头雁也不能长时间处在风口的位置上，这就是为什么飞在后面的大雁频繁而有秩序地换位的原因。最终，每只雁都有机会成为领头者。而雁群用鸣叫声来鼓励头雁："我们仍然在你后面，继续飞翔吧！"研究人员已得出结论：雁群的声音越持久洪亮，头雁就能够顶着迎面吹来的风越耐久地飞行——直到别的大雁来接替它的位置。

过去30多年是中国经济发展史上的黄金30多年，也是中国商界英雄领袖辈出的30多年，这些商界领袖不但具备了企业领导人的素质和能力，更站在行业的前端部署战略；他们不但希望社会对自己有良好的评价，更希望他们经营的企业承担起社会甚至是民族的使命；他们善于改变，不仅如此，他们更注重引导组织共同创造财富和价值——尽管他们是世界商业的"后来者"，但在引领中国企业迈向领先之路的过程中，他们无不表现出"后来者"的远见。我曾经把他们称为"英雄领袖"，而他们正是中国企业发展的领头雁。

企业文化的初创、构建以及持续需要企业领导者的引领、坚持和推动。沙因的文化定义中的外显的价值观最直接的表现是领导者自身的价值观，以及所默认的管理方式。因此，企业领导者如何展示自己、企业如何缔造领导力是一项极其重要的工作。

IBM的领导力模型

我曾经花很长时间来研究IBM的成长历程，这家被称之为“鹰一样”的企业，不断地自我更新、不断地自我超越并引领行业甚至社会进步。在仔细研读IBM案例的过程中，我发现IBM把领导力培养作为其重要的构成要素，而领导力素质的强化，正是IBM不断超越和发展的根本驱动力所在。

对于领导力素质的评价，IBM有着自己的三环模式：对事业的热情处在环心，三个大要素围绕这个环心运转，最后得到属于IBM的发展速度，见图6-1。

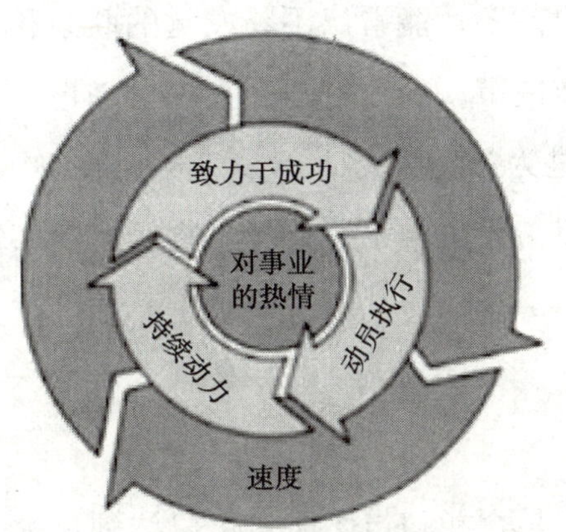

图6-1 IBM的三环模式

环心：对事业的热情

IBM认为公司的杰出领导者对事业、市场的赢得，以及IBM的技术和业务为世界提供服务必须充满热情。这样的热情可以带领IBM全体员工克服一切困难，可以让员工时刻感受到领导者的信心以及对取得成功的渴望和确信。IBM提出对事业热情的具体指标：充满热情地关注市场的赢得；表现出富有感染力的热情；能描绘出一幅令人振奋的IBM未来图景；接受企业的现实，并以乐观自信的方式做出反应；表现出对改造世界的技术潜力的理解；表现出对IBM解决方案的兴奋感。这些明确的指标，一方面使得IBM的领导者拥有了检验的标准，更重要的是让员工和领导者可以一起明了公司的期望以及要求，使得人们自觉地要求自己的行动具有这些特性。

1环：致力于成功

IBM以三大要素来考察领导者，包括对客户的洞察力，突破性思维，渴望成功的动力。对客户的洞察力就是要一切以满足客户的需要为优先；以解决客户遇到的问题为己任。突破性思维的指标就是要能突破条条框框；不受传统束缚，积极创造新观念；在纷乱复杂的业务环境中积极开拓并寻求突破性的解决方案；能看出不易发觉的联系和模式；从战略角度出发而不是根据先例做决策；高效地与别人探讨创造性的解决方案；以为企业创造突破性的改进为第一要务；开发新战略使IBM立于不败之地。渴望成功的动力就是将精力集中于对业务影响最大的事情上，坚持不懈地努力以实现目标。

2环：动员执行

一位杰出的领导是否能动员团队执行以达到目标，可以从四个要素考察：团队领导力、直言不讳、协作、决断力和决策能力。团队领导力是指创造出一种接受新观念的氛围，传达一种清晰的方向感，使组织充满紧迫感。直言不讳是指建立一种开放、及时和广泛共享的交流环境，言行要一致，说到做到；建立与IBM政策和实践相一致的商业和道德标准；行为正直。协作是指具有在全球、多文化和多样性的环境中工作的能力；采取措施建立一个具有凝聚力的团队；在全球内寻求合作机会；从多种来源提取信息以做出更好的决策；信守诺言。判断力和决策力则要求即使在信息不完全的情况下也能果断地行动。

3环：持续动力

判定一个杰出的领导者是否能为组织带来持续的动力，IBM有三条标准：发展组织能力；指导、开发优秀人才；个人贡献。发展组织能力要求调整团队的流程和结构，以满足不断变化的要求：建立高效的组织网络与联系；鼓励比较和参照公司以外的信息来源以开发创新的解决方案；与他人合理分享所学到的知识和经验。指导、开发优秀人才是指提供具有建设性的工作表现的反馈；帮助提拔人才，激发他人以发掘他们的最大潜力；与自己的直接下属合作，及早分配以培养为目的的任务；帮助他人学会如何成为一个有效的领导者；辅助他人发挥自身的领导作用；以自身正确的行为鼓励重视学习的氛围。个人奉献是要求所做的选择和确定的轻重缓急与IBM的使命和目标保持一致；保持有关本职工作的职业和技术知识；帮助他人确定复杂情况中的主要问题；热忱地支持IBM的战略和目标；为满足IBM其他部门的需要，放开自己的关键人才。

老沃森提出树立IBM公司与众不同且优越于其他公司的思想75年之后，1989年，小沃森在为纪念公司建立75周年而出的题为“国际商用机器公司：一家与众不同的公司”的文章中这样写道：

> 如果我们以为只是在替另一家公司工作，那么我们就将变得与别的公司没什么两样了。我们得树立与众不同的IBM思想。一旦你有了这种思想，很容易就能发挥干劲，为使IBM真正保持与众不同而努力工作。

IBM 所取得的成就世人瞩目，这样一家已经经历了四代领导人、百年发展历史的公司所彰显出来的独特性为世人所称道，其领导力模型可以让我们窥见其成功的关键。

海航的传奇

陈峰说：“人生只是一个修行的阶段，只是完善你的修为。人生没有结果，但是要让每一分钟都活得有价值。”因此在组建之初，海航在企业内部树立了两面旗帜：一面是以中国传统文化为企业文化内涵的内治之道，一面是以现代企业制度为管理体制的外用之术。海航人相信，虽然西方的制度管理是规范和成熟的，但只有与中国的文化环境相结合才能发挥其功能，显现其效力。

受中国传统文化重伦理、倡道德内涵的启发，海航创业之初就非常注重员工“德”的修养，教育员工要“为社会做点事、为他人做点事、为自己做点事”。在经济基础日趋雄厚的同时，海航对一些非经济目标的追求也凸显出来，表明了海航决策者的道德理想：需要一个积聚财富的海航，更需要一个有伦理道德的海航，一个员工、企业和社会和谐相处的海航。

多年来，海航坚定不移地贯彻“以德御才，德才兼备”的人才观，而“三为一德，率先垂范”更是海航向管理干部提出的基本的待人处事的要求，揭示了一个优秀的管理者应当具备的道德规范，就是做到“为人之君，为人之亲，为人之师，以德平天下人心”，从中找到自己学养和德性的差距，并以之为塑造自身的标准。

海航文化“以人为本”的内涵，承接了中国传统文化中的人本主义思想，把海航特有的管理理念、管理制度、管理方法转化成为员工的价值取向，保证了海航始终保持着强大的凝聚力和吸引力，保证了海航发展愿景的一致性和团队价值观的认同。

“以人为本”的核心价值观，是海航人力资源管理的理念和行为的依据。海航文化把人才视为蕴藏着无限潜力的生命体，尊重个人，视人才为第一可贵要素。海航决策者相信，最大的智慧莫过于博采众人的智慧，最高的才能莫过于运用众人的才能。回顾海航事业的迅速发展，可以说得益于抢占了体制先机与文化先机，尤其是培养了一批有着独特的务实作风、执着的创新精神的管理干部和基层员工，全面、有效地发挥和提升了海航的竞争优势，亦使他们在实践中不断地以自己的新观念、新思维来培植和传播更为卓越的海航文化。

海航的企业文化吸纳了中国文化中“以人为本”的精髓，即做到四大：“大众认同”，人人都要认同这个事业；“大众参与”，人人都要积极参与到这个事业中来；“大众成就”，大家在公司里工作都有成就感；“大众分享”，让企业员工和社会大众共同分享发展带来的效益。陈峰说，只有把海航事业与员工的成长以及社会的发展结合起来，才能产生源源不绝的生命力。

不为人先的中庸之道被中国传统文化奉为处世典范，但陈峰在吸收传统文化营养的同时，断然抛弃了传统文化中落后的东西，敢于向“守旧”挑战，时时事事在求变求新上下功夫，把创新意识融入自己的血液中，并力求实现，在中国民航业创造了许许多多的“第一”：第一个中外合资、第一个股份制、第一个上市公司……对传统文化的情有独钟并不阻碍陈峰对先进理念的理解，在中国资本市场领域，陈峰资本市场的运作能力在国际上都享有盛誉，最令人熟知的杰作之一是说服乔治·索罗斯投资于他的航空公司，并让这位金融大鳄获得了38%的投资回报率。

以深邃厚重的中国传统文化为核心，以西方现代管理文化为依托，海航文化融理想和科学、活力和秩序于一身，有着独特的个性魅力。立足于民族性和全球性的视野，海航文化的内涵和核心价值观在实践中不断得到检验、发展。建设以中国传统文化精粹为内涵的海航文化，与华夏文明建立一种共源相继的传承纽带，是海航人对中国企业文化建设战略意义的时代性把握和规律性提升。海航决策者认为，中国传统文化具有丰富深邃的内涵和流传久远的魅力，深深熔铸在中华民族的生命力、创造力和凝聚力之中。

正因如此，陈峰为海航的事业确定十年发展战略规划，他说："有两个目标非常坚定，一是为中国创造一个优秀的航空服务品牌，另一个是为中国创造一个世界级的企业。在民航产业内为国人创造一个好的品牌，我们在业内有这个责任，或者是我们发自内心的追求。另外，中国如果真正想成为世界经济强国，没有50～100家世界级优秀企业是根本不可想象的事情，要避免走南美或者东南亚国家的道路。"

"世界级航空品牌有三项标准，首先是规模，再好的服务和品牌，不能只有三两架飞机。目前海航拥有运营飞机112架，通过稳定发展，达到250～260架次左右的规模是可以实现的。世界级民航品牌的第二个标准是服务，我们的目标就是要创造一个接近西方甚至超过西方标准的服务品牌。另外一点就是通过上下游相关产业的贡献，如机场、酒店、旅游等方面，达到每年营业收入七八百亿元，创造五六万人就业的目标，基本上达到目前世界500强级的标准。近期我们一直围绕着这个目标加强对管理团队的强化，包括领导力和执行力的培养，而且我们的目标一向是贯彻到基层的。"

每个乘坐过海航航班的人都会同意陈峰把中国理念带到天空之中。"禅"的意境、乘务员由心而生的微笑、每个人安静平和的享受，令旅程散发着淡淡的"中国味道"。陈峰用自己对于中国文化的切身认识，融合到企业管理的活动当中，企业核心价值观不再是陈峰自己的行为准则，而是全体员工的行为准则，海航也借由领导者牵引，在短短不到十年的时间成为中国航空领域的优秀品牌。

星巴克的味道

星巴克总裁舒尔茨有一个理想，他深深迷上意大利人通过咖啡所建立的那种人与人之间的密切关系，入座咖啡吧其实是意大利人社交活动不可缺的一个部分。他想美国人甚至是全世界的人必然会以同样的方式接受咖啡。舒尔茨决定成立公司，并确定公司所秉持的价值观应该有别于传统的美国公司。他说："我要显示一家公司可以建立在不同方式上而成功，完全有别于我们父亲那一辈所工作过的公司。这是个活生生的例子，证明了一家公司即使有信念、有灵魂、有心性，仍旧可以赚钱。这既可提供股东长期的利润，又无须牺牲我们所秉持的价值，还可以善待员工。这种多赢的局面，全因我们有一群领袖相信这是最对和最好的经营方式。"星巴克的价值观就是"盈利不忘员工，成长不忘创意"。星巴克的故事不只是成长和创造成功纪录，同时也是信念和理想转化为现实的佐证。

舒尔茨在1987年成为星巴克总裁，最初只有6家店和不足百人的地方性企业，后来发展成为国际品牌，全球17个国家共有1.2万家店服务1000万客户。星巴克挑动顾客的心弦，改变人们对于饮料的传统观念。在美国的城市，一些人开车到星巴克，在早晨来杯咖啡；在亚洲，许多行政人员选择在星巴克约会和工作。舒尔茨说："人们之所以想到星巴克，那是因为联想到我们的主张。这不仅仅是咖啡而已，还包括有关咖啡的浪漫气氛和温暖的感觉。所以，大家来到了星巴克。"

星巴克的使命宣言如下：

将星巴克建成全球极品咖啡的翘楚，同时在公司不断成长的过程中，始终坚持一贯的原则。

指导原则：

- 提供完善的工作环境，并创造相互尊重和相互信任的工作氛围。

- 秉持多元化是我们企业经营的重要原则。
- 采用最高标准进行采购烘焙，并提供最新鲜的咖啡。
- 高度热忱满足顾客的需求。
- 积极贡献社区和环境。
- 认识到盈利是我们未来成功的基础。

可以说是舒尔茨的信念和价值观缔造了星巴克，正如舒尔茨所言："星巴克是改造出来的产品，拿一些旧有和人们熟悉的东西如咖啡，再制造浪漫的感觉和配合周遭的气氛，使我们陶醉其中，重新发现多个世纪以来咖啡的魅力和神秘。我们设法使顾客陶醉在这样深具风格和知识的空间之中。"星巴克还致力实现以人为上的价值，例如，该公司提供前所未有的职员福利计划，包括提供广泛的健康计划和股权，受惠者还包括兼职人员。一般公司只是重视高层行政人员，星巴克一样尊重店员和零售商。当员工获得尊重的时候，自然会对公司、家庭、世界贡献更多。在舒尔茨的认识里，世界上不是每个人都可以掌握自己的方向，身为领导人有责任引导大家，不仅仅朝向正确的方向而已，还必须尽量确保没有任何人落在后头。

"您去过因彩云之南得名的云南吗？那里风光秀丽、民风淳朴……新年期间来星巴克，您将有机会品尝到星巴克的首款包含中国云南咖啡豆的凤舞祥云咖啡，购买这款咖啡豆，将额外获赠精美雅致的云南特色织绣布袋。身未动，心已远，在冬日的暖阳中，伴着咖啡的馨香，思绪尽情飘扬在对美丽云南的畅想中……"这是在2010年传统中国新年到来之际，星巴克部分门店邀请顾客与咖啡大师一起品尝凤舞祥云咖啡、分享过年习俗所做的安排。也许你没有亲临现场，但是看到这段文字你也一定会有很美的感受，这就是星巴克带给大家的味道。

如何成为领袖

领导者对于企业文化的传递有着决定性的作用，这种作用既体现在运营的活动中，也体现在员工的行为示范中，从IBM的领导力模型、海航在中国航空领域的起航，以及星巴克的味道都可以看到企业领导者的巨大影响力。具备什么样的气质可以成为领袖？在关于中国领先企业的10年研究中发现：真正的英雄领袖是发展自己，发展他人，在权力、利益与企业长期发展的使命感面前更看重后者，而中国的大部分企业领导者缺少的正是这种境界和使命感。

关注领导者的研究是源于对中国企业成长模式的研究，在过去30多年的企业发展历史中，领先企业的领导者所具有的影响力深深地吸引着我，而接着下来的这些结论是这么多年来我自己反复阐述过的。一直以来，我都有崇拜领袖的心态。从三本IBM前后领导者的传记谱出的一部长达90年的IBM企业史诗，为老沃森、小沃森以及郭士纳所感动。我敬仰于领袖们的魅力，更敬仰于领袖们对历史的创造。也许正是缘于这样的敬仰，我开始探究这些领袖的气质是什么。如果这些气质被称为“领导力”，领导力又是怎样展示的呢？

我并不反对领袖具有天赋的说法，但是否具有了天赋就具备了领导力进而成为领袖？我并不这样认为。我曾经花了10年的时间关注中国成功的企业领导者的特质，并把他们称为“英雄领袖”。我发现，成为英雄领袖有两个必要前提：“发展自己，发展他人”和“企业长期发展的使命感”。天赋并不是衡量英雄领袖的客观依据，英雄领袖也并不是那些总能给人冲击感和责任感的煽情人物；相反，英雄领袖不刻意表现自己的为人本质，他们善于通过自己的组织传递潜移默化的气质，并给企业成长带来深远影响。

成为领袖的第一个因素：发展自己，发展他人

成功的领袖并没有什么魔法可言，他们的经验就在于：能够发现和培育人，再让这些人发展他们自己；建立自己的团队并教给他们工作的技巧和知识；激发员工的工作热情，让员工从不必要的限制和束缚中解放出来，即便这些限制和束缚都是他们自愿承担的。

华为总裁任正非是一个敢于自我否定，并把自我否定作为一种领导者关键气质的人。2001 年是华为飞速发展的一年，外界称那段时期是华为的春天。但在春天里，任正非在内部会议上提出，华为要为过冬做准备，这曾被 IT 企业称为行业的盛世危言。也正是在他的倡导下，华为人始终没有放松学习。从创业伊始，任正非就有很强的人才资源意识。华为是深圳企业中最早将人才作为战略性资源的企业，很早就提出：人才是第一资源，是企业最重要的资本，人力资本优先于财务资本增长。而很多企业当时乃至现在还停留在人力成本控制的概念上。在人才使用上，任正非特别注重员工内在素质与潜能的培育与开发。从 1996 年开始，华为凭借高薪积聚了大量来自著名高校的毕业生，一年招聘进几百、上千名大学生，甚至一次性招聘 5000 人。为确保企业形成良好的学习型组织，任正非最早在企业内部建立起适合企业业务需求与人才成长特点的分层分类的人力资源开发、培训体系，如在各业务系统分别建立管理者培训中心、营销培训中心、研发培训中心、客户培训中心等。中国本土企业中，任正非引领的华为，是为数有限的在人力资源培训开发方面倾注大量热情和资金的公司。

真正的领导者注重对组织和管理的理解，更注重组织和管理对人才能力发挥的作用，通过不断学习和持续改进提高组织能力。为将来培养技能和人才，创造一个不断学习的组织，正是他们的出发点。一方面，建立人与人之间可相互学习的途径，鼓励相互指导、相互帮助和学习；另一方面，投入时间及精力为组织未来的经营培养技能。他们不会局限于达到目前的

目标，而是将视野放大到未来目标所需要的能力上，并创造条件帮助员工去获得这些决定未来的能力。他们不断努力提高组织内成员的能力，善于学习他人（或竞争对手）的经验，寻求对完善自我有利的外部挑战；同时推进创新精神以求发展，激发个人好奇心和不断学习的欲望。

对于“发展自己，发展他人”的优势，我们可以这样理解：带领组织形成不断改进的环境，发展自己以激励他人，发展他人以激励自己。这种能力包括要求他人表现和创造不断改进的环境两个部分。要求他人表现，包括创造、寻求、期待有竞争力的工作进度，不容忍低标准/差表现；通过给予他人更大的经营自主权和机会来增加其责任感；处理妨碍较好表现的人事问题时，干脆果断。创造不断改进的环境则表现为创造高效、高成就的工作环境，以使团队自身不断提高标准及表现；洞察他人的能力并激励他们设立更高的目标；预见及正视有关人事的复杂决定，果断且公正地处理人际关系和经营效果。

成为领袖的第二个因素：长期发展的使命感

正如吉姆·柯林斯所写的那样：老沃森的性格，有时小气而无情。有一次，他把一位主管关在荒凉阴雨的度假中心一整个星期，只为了让他明白“你并非无法取代”。阅读他的传记，我不止一次地纳闷：“他们为什么愿意为这个暴君做事？”但是，他们不仅愿意为老沃森做事，还深爱着他，因为他对于公司与公司员工的“企图心”，远比对于自己还来得大。这种超越自我的企图心，力量之大，竟然可以驱使他的儿子献出人生的精华岁月接棒当家，而且在60年后，驱使郭士纳从优秀CEO转变成伟大CEO。领袖们的雄心壮志并不是建立在个人成就感的基础上的，他们对企业长期发展的使命感往往更能激发员工和社会的投入，这种使命感也是成为领导力的起点。

更多的案例告诉我们，中国的大部分企业领导者缺少的不是热情、能力，而是境界、使命感。在30多年的中国企业发展历程中，这样的例子非常之多。在中国特定的历史情形下，出现了许多重蹈覆辙的案例。可以这样说，很多企业领导者在创业初期展现出了自己企业家的创业热情和能力，而当他们略向成功之路迈进一些后，就不由自主地向公关专家、行政专家、政治家的角色转型；他们在整体上还没有形成摆脱世俗文化的能力；由于处于资本积累阶段，利益和前途还始终是多数人的首要或者唯一目标，从步鑫生、年广九、王遂州到吴炳新、高凤来、顾雏军、赵新先，等等，几乎都沿袭了相同的思想路线和思维模式。由于不自觉地强调个人荣誉和个人成就感，企业没有进一步发展，反而走向了衰竭。

很显然，立足企业长期发展，是成为英雄领袖的起点。在做“领先之道”的研究中，我们针对这个问题做了调查，发现英雄领袖立足企业长期发展的方式：

> 第一，将个体吸引至共同目标，包括鼓励积极参与及提出建议，帮助人们扩大视野及认识自身职位的重要性；在不同技能、态度、类型的人之间建立高度信任和有效的协作精神；使员工感受自身价值，帮助他们将个人目标和成就与组织目标和成就相联系。第二，将人与经营紧密相连，包括创造对未来远景的热情以及兴奋感，使人们渴望成为其中一员；视人们的文化差异为财富，充分利用这些差异，使公司取得最优成果；激发个人及团队高度的自我尊重，提高其自豪感及对经营成功的认同。

在吉姆·柯林斯的评价里，小沃森就是这样一个鲜明的旗帜。为了让一家伟大的企业更加伟大，小沃森运用“宏观大胆的目标”来为企业打预防针，避免自满后遗症。这种目标有如揭櫫长跑的终点、攀登的巅峰，提供了刺激企业进步的机制。当其他企业第二代显得后继无力时，小沃森却勇于带领企业挑战新高峰：今天我们只征服了北美洲最高峰，未来要征服的圣母峰在哪里？当时的IBM在计算机上处于落后地位，但是他以发展IBM360系列计算机作为大目标，帮助IBM抢得进入数字经济的领先位置，维持了多年的优势。郭士纳的贡献，是把官僚的文化转变成“纪律的文化”。在有纪律的文化里，员工在责任与价值观的架构之下，享有充分自由。郭士纳把核心价值（必须维持不变）与经营实务（必须因应环境而变）区分开来，强调：企业如果失去核心价值，就等于失去灵魂；经营的手法如果始终不变，就会被世界淘汰。他推翻了狭隘的传统与愚蠢的规定，同时又重新活化IBM的核心价值与追求卓越的热情。2004年IBM放弃PC制造业务，转向增值服务提供商，这个转变使得IBM获得了全新的成长，并具有了面向未来的能力。在经历2008年全球金融危机之后，IBM更加感受到转型带来的好处，持续创新和改变成为IBM内化的习惯。

领袖们的使命感里渗透更多的是理性和文化，涵盖了精神境界、商业品质和价值取向，领袖们在创业伊始就以长期的发展使命为起点。当一个企业领导者立志使自己的企业长期发展和实现企业对民族/社会的使命时，他无论如何不会用事业的代价来图眼前的局部利益。这样的长期使命奠定了成为领袖的根本特质。

我每天提醒自己上百次，无论我自己精神上还是物质上的东西，都是完全依赖其他人的劳动和他们的生与死，我必须尽力，以便做出相等的回馈。

——爱因斯坦

07 第7章 全球思维

无疑，全球化是今天我们必须面对的环境发展的最大的趋势。因此，不管中国企业是否具备该能力，迎接全球化都是必需的，也是必然的。我们需要了解在全球化背景下，什么是国际运作规则，要懂得“国际”的内涵——文化的问题、政治的发展、市场的运作、竞争生态的改变、新思潮的涌现，等等。唯有如是，才能知道价值标准，才能够运用自如。

托马斯·弗里德曼的《世界是平的：21世纪简史》一书描述了我们开始不得不面对世界是平的这个现实。在过去的几十年中，世界局势的和平与稳定，世界经济贸易往来的频繁与贸易壁垒的削弱，都为跨国公司提供了极为有利的发展条件。跨国公司在全球范围内高效地整合资源，获取丰厚的利润，以支持企业的发展与壮大，有些企业甚至发展成为能够对地区政治和经济具有影响力的跨国巨头。更有人认为跨国公司的概念彻底过时了，提出用“全球公司”取代“跨国公司”的概念，因为今天的跨国巨头已经习惯在全球范围内整合资源。这种观点也从侧面反映出跨国公司借助全球化在发展和壮大。

面对全球环境

研究外部环境更重要的原因是企业不能够独立创造价值，必须面对自己的组织环境。我们把能够对组织绩效产生潜在影响的外部力量和机构称之为组织环境。组织环境对企业的绩效起着重大的作用，因此需要企业能够延伸自己的管理，取得组织环境的认同，如果不能够这样，企业就无法真正获得经营的绩效。

2010年，吉利收购沃尔沃，让世人再一次看到中国企业进入全球市场的决心和行动。虽然过程艰辛，但是对于中国企业来说多了一笔从“制造车间”迈向“全球化企业”的资本，更重要的是中国企业真正开始进入全球化，而不再是在边缘或者隔海瞭望。

“中国撼动世界”和“中国世纪”是近几年海外传媒追捧的话题，在纳入全球化轨道的过程当中，洋人的忧虑甚至比国人还要多。但是要真正融入全球化，并谋取到座席与话筒，中国企业需要用符合国际惯例的方式、中国智慧以及透明的方式来获得真正的认同，这就要求中国企业具有全新的发展能力，有能够整合环境、形成价值链的竞争优势的能力。

价值链成员所构成的具体环境具有决定作用

企业的组织环境分为一般环境和具体环境。具体环境是指与实现组织目标直接相关的那部分环境，包括供应商、顾客、同行、政府和压力集团。在今天的竞争中，只有延伸到具体环境当中，企业才有机会成功。人们需要承认的事实是：决定企业价值的已经不是企业自身，而是企业所拥有的具体环境。换个角度说，就是供应商、顾客、同行、政府以及压力集团如何认同你的价值。一个好的企业一定可以与具体环境共同发展，具有相同的价值追求，具有为顾客创造价值的一致的理念，能够相互配合，不断创新。也就是形成企业的价值链，只有形成价值链与利益共同体，企业才可以在今天的竞争环境中获得发展。

因此，任何一个企业的最高管理者必须不断和环境互动，如果他花费70%的时间在企业内部，这个企业的发展就会受到制约，因为管理者没有渗入到具体环境中，没有与具体环境一起互动以形成价值认同。最近几年来，我一致坚持这样的观点：企业的经营重心，必须从企业内部转到企业外部，也就是企业的价值链上。如果高层管理者只是关注企业内部的话，他所解决的问题是：品质、成本、人才、技术、资金和产品，这些还是内部因素。如果他关注价值链的话，他所追求的是：渠道、服务、顾客、供应链，这些是外部因素。对于今天的企业而言，把企业内部做好还不足够，还需要能够延伸自己的价值取向，获得价值链上利益共同体的认同。

成功的跨国企业之所以具有竞争优势，就是因为它们能够管理具体环境。可口可乐在确定自身战略的时候，就明确地定位为“价值链的管理者”。当强生公司进入中国市场的时候，它很清楚中国医药市场的具体环境，强生公司以“信条为本”的价值取向，选择了符合自己价值理念的营销方式，在中国展开大型医院的院长管理培训，让专家出身的医院院长学会如何做管理，这个做法非常受欢迎。院长们大部分被送到新加坡国立大学，经过了有效的管理培训，医院的管理有了显著的提升。而强生在中国的合资企业西安杨森也因此成为在中国最大的合资制药企业。我一直观察西安杨森所做的努力，它没有受到医药行业的影响，反而影响了医药行业，影响了医院，影响了代理商。西安杨森让自己的价值理念成为这个行业广泛认同的价值取向，同时也影响并带动了中国医药流通企业和医院的管理提升与进步，西安杨森也因此在中国市场得到了快速的成长和进步。

一般环境决定趋势

一般环境是指组织外的一切环境，习惯上用经济条件、社会条件、政治条件和技术条件来描述。一般环境对企业产生的影响是什么？一般环境决定趋势，真正强大的企业就是有能力与趋势走在一起的企业，趋势决定公司能不能够强大，符合趋势的企业就能够不断发展，而不符合趋势的企业就要被环境淘汰。坦白讲，中国30多年来持续高增长的原因，的确是改革开放所带来的，但是也要看到另外一个原因，那就是这30多年世界经济也是稳定增长的，中国的发展符合了世界经济的趋势，如果不是这30多年来世界经济持续增长，中国也不可能有今天令世人瞩目的成就。

什么导致一个国家能够聚集财富从而变得强大呢？回顾以往技术变化的历史就可以看到这一点。从18世纪到21世纪，只要能够紧密地契合技术发展趋势的国家集聚财富的力量就会强大。18世纪蒸汽机技术引领技术的前沿，19世纪电力技术影响了整个世界，法国和英国因此表现出强大的力量，成为最强大的国家；20世纪上半叶是汽车技术主导世界，最强大的国家就变成了美国、德国、日本。20世纪下半叶，电子技术和计算机技术带来了空前的革命，而强大的国家是美国和日本。到了21世纪，拥有信息技术的美国成为唯一强大的国家。我相信英国、法国甚至包括德国没有一个国家愿意自己被超越，可是为什么它们落后下来？原因很简单，背离了技术发展趋势。

最近30多年中国为什么变得非常强大，其中一个原因就是20世纪的技术趋势是电子和计算机革命，中国提供了强大的加工能力，当中国打开国门的时候，世界技术趋势跟中国所具备的加工能力吻合，中国就可以发展得非常迅速。到了21世纪，中国发展有困难了，困难的原因就在于技术的趋势转向信息技术，不是以加工为主的趋势而是以创新为主、创意为主的趋势。目前的中国在这个能力上还不具有明显优势，如果不能够具有创造力，也就无法和趋势走在一起，这是一个极其需要重视的问题。

今天一般环境最大的趋势是全球化。正如技术趋势带来的竞争优势转移的情况一样，全球化的趋势的确需要我们好好面对。“全球化就像一艘你不得不乘坐的船。”古巴领导人卡斯特罗曾经这样说。法国《费加罗报》惊呼：“德国人快没裤子穿了！”这一切都是全球化惹的祸。在信息技术的推动下，全球化已经成为人们日常生活的一部分，不管人们是否愿意。但是，人们对于全球化的理解，却普遍存在着极大差异。托马斯·弗里德曼的观点是，全球化有一个突出的特点——一体化。这个世界处处盘根错节，时至今日，不管是企业还是国家，一个人或者单个企业所面临的威胁或者挑战都取决于他正在与什么发生着关联。全球化导致出现一个不可抗拒的市场一体化，使单一民族国家看到了前所未闻的新技术——这一趋势使独立的或者联合的单一民族国家，可以比以前更远、更深、更廉价地与世界潮流混为一体，这一趋势也让残酷无情的现实及新体系中遗留下来的问题产生巨大的反冲击力。

人们看到，一旦某个国家参与到全球化体系中，这个国家的发展就必然置于全球范围内思考。人们在决定生产什么之前，不再问产品销到什么市场上去，而是对全球市场进行研究从而制定出方针，然后再决定生产什么。人们整个观念都发生变化了。的确，正如托马斯·弗里德曼所言："在全球化的世界里，所有的朋友和敌人都变成了'竞争者'。"问题是，我们是否准备好了？

思维空间决定成长空间

全球化就是今天最明确的一般环境，全球化决定着趋势。随着全球经济和政治的展开，全球化的经营模式势必是企业所必须面对的选择。真正有效的全球化战略包括制定符合当地文化的市场开发计划，以及在当地及全球范围内建立发挥作用的业务模式。

企业如何去寻找成长空间，是每个经营者都必须清楚的问题。在全球化经济环境中，回答似乎是不言而喻的：企业应该在产业机会和市场机会的生长演变中去寻找成长空间，而今天的产业机会和市场机会都在全球化背景之下。需要提醒的是，中国企业对于全球市场、产业、金融、政策、商业机会和危机控制等因素都不够敏感；对经营环境的变化也不够敏感。究其原因，就是中国企业的思维空间相对狭窄，由于思维空间延伸不够，大量产业机会和市场机会在中国企业的视野之外生生灭灭，再大的产业和市场空间都与中国企业无关。

企业只能在其思维空间之内成长，如果是这样的话，中国企业的成长受所能达到的思维空间限制。中国企业在全球化市场依然沿用自己习惯的思维方式，依然沿用自己在本土市场所形成的经营模式，这也许就是中国企业全球化进程中多受阻碍的根源所在。2009 年联想出现了亏损，柳传志不得不重新出任联想董事局主席，杨元庆重新出任联想集团的 CEO。在总结联想出现亏损的原因时，很多人从多个角度分析原因，但是美国市场和欧洲市场的失利是根本所在，而这些市场出现问题的原因，是联想一直沿用在中国市场成功的商业模式，而没有找到符合当地文化与消费习惯的商业模式，这是联想惯性思维所致。

研究证明了环境是影响思维和行为的根源，中国环境下产生的企业思维和企业行为，必然与西方环境下所形成的企业思维和企业行为不同，从而导致了不同的价值观体系。而不同的价值观体系又决定了企业创造不同的价值，并最终决定企业不同的创新素质。经济学家熊彼特的这段话可谓一针见血："没有发展就没有利润，没有利润就没有发展，对于资本主义体系还必须补充一句：没有利润，就不会有财富的积累。"美国企业就是这类专注于创造利润的实用主义者，善于借助一切技术和机会来创造并提升利润的能力。

随着改革开放的深入，中国人一下子从"殉义"的背景下跳入"逐利"的大海中，很多人为了获得利益不惜牺牲原则、准则。在这 30 多年间，中国企业表现出来的短视、急功近利、拼杀价格的行为比比皆是。这样的价值取向，在一个阶段，让中国企业得到快速的发展，尤其表现在中国本土市场上，成功地引领了市场份额，包括索尼、IBM 在内的跨国企业都在中国本土市场输给了中国家电企业和 PC 制造企业。但是，到了海外市场，我们在中国市场上称雄的模式，没有产生任何作用，而究其原因是不同的思维方式导致了对于顾客和市场的认知的差异。如果中国企业还是借助于中国市场的思维方式，其结果不言而喻。长期观察中国企业发展比较发达国家跨国企业的发展，让我还是感受到一些很特别的不同：

- 跨国企业对于技术和人有着独特的偏好，在持续创新、发掘人的创造能力上不遗余力；中国企业对于成本和规模有着独特的偏好，在不断地降低成本、扩大规模上竭尽全力。
- 跨国企业对于增长有着自己的设定，希望保持持续稳定的增长；中国企业对于增长没有设定，认为可以跨越式增长。
- 跨国企业更依赖于系统和团队，而中国企业更依赖于英明的领导者。

这些不同的思维方式导致不同的经营结果，这也正是中国企业无法真正获得持续稳定增长和驱动全球市场能力的根本原因。由于偏爱成本和规模，认为具有成本优势和规模优势就会具有市场优势，这样的思维方式导致联想购并 IBM 的 PC 部门，TCL 购并汤姆逊之后，没有获得真正整合价值，而只是获得了进入国际市场的经验和教训，最终让联想和 TCL 摆脱国际购并困局的依然是依赖于中国本土市场的价值贡献。因此，中国企业如果需要真正获得世界范围内的成长空间，就需要拥有全球思维。

确立全球思维

只有借助于全球思维能力的培养，中国企业才能够在全球化进程中不再遭遇挫折和障碍。中国人有很强的学习能力，但是思维方式的调整，却是一件非常困难的事情。我一直在大学讲授“企业文化管理”的课程，我总是不断地强调：作为文化表现方式的思维决定人们的行为选择，如果中国企业还是习惯于用固有的思维方式和行为在全球市场上竞争，结果一定是欲速则不达。

需要确立全球思维，在内部原因方面，企业必须挑战以往成功的惯性思维，对市场环境变化有充分的认识。必须学会放弃在中国市场的经验和成功的思维方式，需要重新认识自己，认识环境以及内部各项因素与全球标准的差异。在外部原因方面，企业经营的外部环境也使具有全球思维成为发展的必需。首先，中国企业所面对的是具有全球理念的跨国企业，这些同行和对手要求中国企业需要用国际规则来竞争。其次，中国市场已经是全球市场，来源于消费者的选择使得中国企业具有全球理念，如果还是沿用中国自己的消费理念和消费习惯来判断，想赢得消费者的选择和忠诚是幻想。

全球理念是中国企业获得下一个30年持续发展的文化内涵。全球理念是指系统性、创造性、打破边界和价值追求。全球理念就是要求企业能够考虑顾客的需求、顾客需要的效用、顾客所看重的价值和他们所面对的现实情况，如果是这样，企业战略几乎就成功了。引用德鲁克先生的一句话："所谓创新，就是市场或社会的一项变化。它能为用户带来更大的收益，为社会带来更强的财富创造能力，以及更高的价值和更强烈的满足感。检验创新的标准永远是：它为用户做了什么。"

中国企业在经历了30多年的快速发展之后，迎来了全球化的经营环境，正如哈佛大学经济学家丹尼·罗德里克在其研究报告中指出的那样："这不是你要不要全球化的问题，而是你如何全球化的问题。"这也是中国企业所需要面对的问题，拥有全球思维的能力，站在全球环境下做出选择，让自己真正融入全球化的环境中，是中国企业必须解决的问题。

1995年，任正非就清楚地认识到，国内通信骨干网络已经基本铺设完成，传统交换设备市场也韶华已逝，国内电信基础设施大规模投入期即将过去。届时，国内市场将很难支撑华为这么大规模的企业发展，华为必须找到新的快速增长的市场空间，向国际市场进军是必然的选择。

管理上，原有的自发形成的与国际巨头在部分市场上直接竞争的单一市场格局下的创业型的管理体系，已不能适应国内外市场左右开弓、与国际巨头在各个市场层次上全面竞争的复杂格局中的成长型企业的发展要求。技术上，原来的模仿、跟进，已经发展到了与国际巨头并驾齐驱，甚至在某些领域适度领先，进入世界产业的第一阵营。

华为很清楚，如果要进入国际市场，就要用国际市场的思维方式来运营。“1996～2000 年，我们每年都要参加几十个国际顶级的展览会，一有机会就到国际舞台上展示自己。1995 年开始，我们到日内瓦去看国际电联 ITU 的展览会，1999 年华为开始参加 ITU 的展览会，到 2003 年华为参加 ITU 展览会的时候，租下一个 505 平方米的展台，成为当时面积最大的厂商展厅之一，这给西方电信运营商的印象是震撼的。”长期负责华为国际市场宣传的李杰回忆说。

华为从 1996 年开始拓展俄罗斯市场。开头几年因为俄罗斯宏观经济不好，卢布贬值，总统普京从各方面开始整顿经济，一些国际大的电信设备制造商因为看不到短期收益而退出了俄罗斯市场。但是，华为却坚持了下来，并且抓住俄罗斯电信市场新一轮的采购机会，经过 8 年的蛰伏，最终成为俄罗斯市场的主导电信品牌。2003 年华为在俄罗斯及周边独联体市场实现销售额超过 3 亿美元，俄罗斯分公司 90% 的员工都来自当地。

在国内，华为很少在媒体上露面和投入广告。但是，一进入国际市场，华为要活跃很多。“我们在国际市场上需要适当的声音，需要让别人了解华为。”基本不见媒体的华为总裁任正非甚至对下属表示过，应该多接受国际媒体的采访，让世界了解一个真实的华为。

一方面，华为不断地利用国际展览会和论坛发言的机会，争取国际话语权并参与国际标准的制定，与国际竞争者同台竞技，去表达自己的声音——让别人听到华为对网络的理解，对下一代网络的理解，对 3G 的理解，对未来电信发展的理解，对行业的理解。另一方面，华为也组织自己的客户经常性地聚在一起交流经验。

在印度班加罗尔、俄罗斯莫斯科，华为大量雇用当地人做研发；在美国硅谷、瑞典斯德哥尔摩，华为将本地化研发和公司级的研发相结合，从而打造了自己的核心竞争力。正是有了每年上千个技术专利，华为才能与世界上顶级的供应商（如 IBM、惠普、太阳微系统、微软、英特尔、TI 等）同等谈判，共同建立联合实验室，同步开发最先进的产品。

在内部制度和管理机制上，华为努力与国际接轨。从 1997 年开始，华为开始引入国际著名企业为其做管理咨询，比如引入 IBM 做管理咨询，引入 HAY 做人力资源的制度设计，引入德国国家应用研究院做质量管理顾问，聘请普华永道做财务顾问和聘请毕马威做严格的审计，等等。华为目前正在进行的一项重要工作，就是进行结构性重组，按地区横向划分为 8 个分区，分别设立地区总裁和横向的管理系统，一切按照国际标准来运作。

国际化的更高层次是品牌的国际化。2000 年华为在香港开展了一个名为“东方丝绸之路”的品牌计划，主要内容是把华为全球所有的潜在客户，通过到香港参加 ITU 展览会的机会，请到深圳来参观华为。2004 年开始，华为在欧洲又开始了一个名为“东方快车”的品牌计划，强调“要让客户看，要进行实验为客户提供解决方案”，效果更进了一步。而今天，华为已经成为一个国际主流电信制造商品牌。

任正非很早就认识到，企业的国际化是一项系统工程，市场、制造、研发的国际化，只是其表象问题，华为人必须具有国际化的视野，以及管理水平的国际化和资本运作的国际化的能力，才能保证华为实现国际化。因此，海外华为在企业官方的言论中传达出这样的信息：“破除了狭隘的民族自尊心就是国际化，破除了狭隘的华为自豪感就是职业化，破除了狭隘的品牌意识就是成熟化。”正是这样的要求和转变，使得华为可以成为国际市场的强有力的竞争者。任正非在 2010 年给全体华为员工的新年致辞中这样写道：

“在过去的一年里，我们成功地经受住了考验，我们的员工不愧为这个时代的弄潮儿，在这么极端困难的条件下，创造了这么优异的成绩。‘风华绝代总是乱世生’，今年全球绝大多数区域投资都趋下降，一开年各地区都呈负增长，能实现这样的成绩，怎么不是风华绝代？怎么不是英雄辈出？在这一年里，中国作为本土市场历史性地突破了100亿美元，光传输、接入网，我们走向了世界第一，有力地支撑了公司的发展；3G、LTE构筑了全球第一的竞争力；路由器走出了困境，实现了与业界竞争力同步；专业服务发展迅速，不仅支撑了公司的高速发展，更实现了自身产业的健康成长，连续三年实现50%以上的增长；软件产业走出了停滞不前的状态，连续两年超30%的增长；终端持续保持了优良竞争态势；配套件异军突起，掀起了一片光辉的未来；我们成功地在突尼斯铺设了第一条海底光缆。供应链在及时、准确、优质、低成本交付上，打了一系列漂亮仗，以这些关键事件的舒展，将更加全面地促进职业化与流程的优化和进步。”

国际化逻辑以及全球化能力，帮助华为在2009年这样一个全球金融危机的环境中，依然取得了骄人的业绩。

中国现代性的动力来自历史而非向西方学习的结果。

——马丁·雅克

08 第8章 新理念

马丁·雅克在《当中国统治世界》这本书里说："我们不应该对中文的延续性和应变能力感到惊讶，这是一门可以追溯到3000多年前的语言。"是的，中国悠久的文化底蕴让中国在任何一个时代都具有了前行的驱动力，而这份丰富的文化资产，从她诞生那天开始就在影响着全世界。"从这里，我们得到整个产业的灵感。"在英国韦奇伍德瓷厂放着一对中国宜兴茶壶的展示柜上面题着这一行字。

康熙与箭扣长城

中国悠久的文化历史，是祖先留给后人的一份丰厚的财富，如何继承和发扬这份财富，是每一个中国人需要很好地思考的问题。英国人在一对中国宜兴茶壶上得到整个陶瓷产业的灵感，从陶瓷到茶叶，统领了这个行业全球的霸主地位，而中国的陶瓷和茶叶却无法在国际市场立足。中国传统产业和产品在今天所处的被动局面，让我想起了康熙与箭扣长城的故事。

康熙8岁即位，14岁亲政，但是当他16岁的时候，他开始向自己挑战除掉了鳌拜，20岁开始向吴三桂开战，花8年的时间征战取得彻底胜利，康熙用行动把自己从一个继位者变成了创业者。父辈告诉他，他的祖辈是破长城进来的。对着这堵受到历代帝王极度关切的城墙，康熙想了很多，堂堂的一个朝廷，难道就靠这些砖块去保卫？但是如果没有长城，防线又在哪里呢？一年的5月，古北口总兵官蔡元向朝廷提出，他所管辖的那一带长城“倾塌甚多，请行修筑”，康熙竟然完全不同意，他的上谕是：

> 秦筑长城以来，汉、唐、宋亦常修理，其时岂无边患？明末我太祖统大兵长驱直入，诸路瓦解，皆莫能当。可见守国之道，惟在修德安民。民心悦则邦本得，而边境自固，所谓“众志成城”者是也。如古北、喜峰口一带，朕皆巡阅，概多损坏，今欲修之，兴工劳役，岂能无害百姓？且长城延绵数千里，养兵几何方能分守？

这样说来，清代成了中国古代基本上不大修长城的一个朝代了，对此我很认同（当然今天从保护文物的角度出发，是另外一回事）。我认同康熙的感悟，希望能筑起一座无形的长城“修德安民”。本着这样的理解，康熙成了令汉族知识分子震动的“外人”。谁能想得到，这位“外来”帝王竟然比明代历朝皇帝更热爱和精通汉族传统文化，大凡经、史、子、集、诗、书、音律，他都下过一番工夫，其中对朱熹哲学钻研最深。他亲自批点《资治通鉴纲目大全》，大规模组织人力编辑出版了《康熙字典》《古今图书集成》《佩文韵府》《大清会典》。文化气魄铺天盖地，直到今天，我们研究和学习中国古代文化还离不开这些。

康熙不但“国学”深厚，“西学”同样精通，很难想象就是这个人，坐在避暑山庄里研读欧几里得几何学，经常演算练习，还学习了法国数学家巴蒂的《实用和理论几何学》，这是他亲自校译成汉文和满文的西方数学著作。他任命一名外国人担任钦天监监副，并命令礼部挑选一批学生去钦天监学习自然科学，学好了就选拔为博士官。西方自然科学著作《验气图说》《仪象志》《赤道南北星图》《穷理学》等都被翻译了出来，有的已经译成汉文的西方自然科学著作如《几何原理》前六卷他又命人译成满文。

即使到今天，这样深潜国学和西学两边的人也还是少之又少，我不得不佩服。我并不认为康熙给中国带来了根本性的希望，但是在中国历代帝王之中，这位少数民族出身的帝王具有异乎寻常的生命力，给历史留下了重重的印记。这样的生命力量，来源于他不受疆界的桎梏，把生命从深宫里释放出来，在知识的海洋里挥洒。一切军事争逐都是表面的，真正深藏的是文化的力量，真正的包容与开放，接受与吸收。我想，不修的长城更能够让我们理解历史所承载的本意。

如何传承文化是一个极其重要的问题，康熙对于长城的态度和选择带给我们的启示是非常明确的，一方面传统文化对推进进步的阻碍非常明显，另一方面传统文化为进步奠定雄厚的基础也需要我们很好地理解并传承。

中国传统文化的精髓

自从马克斯·韦伯的理论提出以来，人们相信工业化的成功与基督新教伦理的民族精神或西方文明所独有的其他本质密切联系，甚至有许多学者致力于分析东亚传统文化妨碍现代化的原因。

然而，第二次世界大战以后，先是日本，随后是中国台湾、韩国、中国香港和新加坡，都以空前的速度完成了工业化的进程。而20世纪80年代以来的中国沿海地区，更是以其高速的经济增长和巨大的发展潜力令世人刮目相看。东亚的经济奇迹成为摆在世人面前无可置疑的事实，人们开始反思东亚各国成功经验背后的深层次原因，发现东亚各国有一个共同的背景，就是处于儒家文化的氛围之中。人们开始用“儒家文化圈”来形容这一片神奇的土地，正如新教伦理被认定与资本主义的密切关联一样，儒家文化亦被看作是东亚成功经验背后的文化底蕴，成为解释这一经济奇迹的有力论据。

与东方文明一脉相承的儒家文化，几千年来在中国和邻近的东亚各国产生了根深蒂固的影响，它塑造了东亚人民的思维方式和精神气质，也规范着东亚人民的言行举止和风俗习惯。儒学内涵博大精深的管理智慧，特别是它饱含以人为中心的人本主义思想，为现代管理提供了源头活水。众所周知，管理归根到底是人对人的管理，经济管理（具体到企业管理）也不例外。儒家文化特别强调对人的生命存在的承认和尊重，以及对人的精神风貌的塑造和改善。这种思想是一种具有实践性内涵的、世俗化的人生哲学，它运用到企业管理中就是强调人是企业管理的根本，管理者应该严于律己、以身作则、言传身教；被管理者应该克己奉公、兢兢业业、实现自我，从而达到上下同心，向着既定的目标努力。这种以人为中心的管理模式在东亚经济建设中起了重要的作用。

从儒家文化延展出的商业精神和基本价值观包括以下几个方面。

韧性与勤俭

艰难困苦，玉汝于成，这是中国传统文化中特别强调的一种美德。从困境到玉汝于成，中间需要忍辱负重、屈中求伸、以屈求伸的精神。中华民族以农立国，数千年来一直在这片土地上繁衍生息，辛勤劳作，不仅形成了劳动人民淳朴务实的精神，也锤炼出劳动人民勤劳勇敢、吃苦耐劳、忍辱负重、自强不息的民族性格。在历史上，中国的农业、手工业曾领先于世界其他各国，科学技术的成就也十分显著，指南针、造纸术、火药、印刷术四大发明对世界文化的发展做出过卓越贡献。中国数千万海外侨胞，远离故土，白手起家，艰苦奋斗，以中国人所特有的勤劳、简朴为安身之本，艰苦创业，他们把苦难当成一笔财富，在成功的道路上历经种种磨难和艰辛却依然百折不挠。虽然经历一次次失败却从不灰心、从不气馁，善于从挫折和失败中吸取经验教训，继续前进，在世界各地留下浓重的一笔。这些都是中国人民吃苦耐劳、勤奋自强性格的真实写照。和吃苦耐劳、勤奋自强一样，中国劳动人民把勤俭视为美德，把浪费看成是不道德的，注重财富的积累，节约观念极强。勤俭作为中华民族的传统美德，也是华商精神的一个重要内涵。墨子说："强必富，不强必贫""赖其力者生，不赖其力者不生"。李嘉诚在总结他的成功之道时说："因为我勤奋，我节俭，有毅力。"不少超级富豪由贫到富，自始至终都非常勤劳、节俭。勤以增收，俭以节支，勤而俭才能育才致赢，否则，用之无节，犹如漏后不补，必致财源流失，这些是传统文化特别强调的一部分。

和谐与诚信

注重和谐是中国传统文化的鲜明特点，中国文化中的和谐思想源于中庸之道和天人合一观。中庸之道于人们追求创新、竞争不利，天人合一观于人们改造自然、向自然索取不利，但其中体现出来的和谐思想具有积极意义。如中庸之道，主张人与人要和谐，讲"仁""爱""诚"，"中和"待人，处理人与人之间的关系要不偏不倚，不说过头话，不做过头事，把握事物要有"度"。天人合一思想，提倡人与自然要和谐，做事要顺应自然规律，使人与自然一体，这种和谐的思想深深影响着中国人的为人处世方式。中华文化强调万物对立统一，共成一体；音声相协，社会相和；阴阳交加，万物以成；戒烦弃躁，发而中节；人际和谐，无争无诉。身处异地，上无"天时"，下无"地利"的华商，把"和"作为其广泛的外交哲学。在生意场上，注重建立和保持良好的关系，重视商人之间的合作和相互扶持；在企业内部，追求协调同事间的人际关系，达成内部人际和谐。马来西亚籍华人企业家郭鹤年被称为是"人际关系专家"。他一方面注意选拔和培养得力的"管理干将"，谋求全体职工对集团的拥护和支持，另一方面还特别注意发展公司外部的人际环境。忠诚信实在儒家文化中是作为人的基本道德品质来看待的。"精诚所至，金石为开""朋友有信""人无信不立，政无信不威，商无信不富”。许多华人企业家都把“诚信为本”作为“本色经营”，不搞投机取巧，信守承诺，信人不疑，委以重任。这些中国文化传统中的至理箴言把诚信列为从事任何职业的一条首要道德规范。

人本与尚德

儒家文化主张仁者爱人，强调修身养性，同时，要求人人怀着仁爱之心来处理人际关系。以仁义立身，以仁义为重，一方面使华人企业家“与用事僮仆同苦乐”，使企业具有极大的凝聚力；另一方面，通过博施济众，取之社会，用之社会，从而赢得广泛的社会亲和力。香港杰出工业家林光如深知，企业的领导首先要修炼自身的德行，要具备良好的德操，要有远大的理想和抱负。同时，一个人的事业还应当和社会联系起来，在社会的坐标中定义自己的位置，为社会和国家创造财富。由此产生的德治思想在华商文化中也是根深蒂固的，它要求人们反躬自省，要通过先正己后正人的过程来治理社会。无论是一个社会，还是一个组织，仅仅依靠法治是不完善的，同时也需要培养和营造一种行善的氛围，使人产生一种行善的内驱力。海外华人企业家把德治方式“嫁接”到现代企业管理中来，取得了卓越的成果，这正是华商文化的魅力和潜力。儒家文化的核心是以人为本，强调“仁者爱人”“己所不欲勿施于人”，每个人的独立人格都应受到尊重。同样，华人企业家十分重视人的作用，“三军易得，一将难求”表达了他们对人才的渴望和重视。“水能载舟，亦能覆舟”体现了人在企业中的重要作用。“用人不疑，疑人不用”的选材标准，让下属能尽情发挥潜能。在企业管理中，华商主张无为而治的思想，即搞好管理者个人的道德修养和对下属的道德教化，主张以德服人，用榜样的力量使人信服，达到管理的目的。同时，华人企业家强调人和，增强企业的内聚力。正是将这种人本思想移植到现代企业文化中，形成了企业和公司的整体合力。

务实与质朴

中国文化有玄虚蕴奥、重言轻实的一面，同时又表现出很强的求实精神与返璞归真的追求，这在中国的儒家、道家及法家文化中都有体现，如儒家的经世致用、道家的“无为”之中蕴涵的“无不为”、法家的奖励耕战等。求实精神主要表现在：一是积极入世的人生态度，重视人生理想，也重视现实；二是朴实无华的民族性格，经商、治学都讲究脚踏实地和扎扎实实。特别是“天人合一”的思想与追求，帮助中华民族能够深入到自然的认知中来调整自己的行为，并不断地协调人与自然、人与人的关系。所谓道法自然，对于自然的尊重，与自然融为一体的思维习惯在今天显得更为重要。在处理人与自然的关系上，我们长期以来处在一种偏见之中，我们常常会认为，人是万物的主体，人定胜天。事实上，是不是这样的呢？自然有自然的规律，人生活在这个地球上，就要遵循自然的游戏规则，在自然面前，人不能自以为是。中国传统文化引领我们开始了这样的认识，喜欢去看古时的大屋，所传递出来的居住主张的核心思想是“宜人宜居”，强调的就是一种人与自然的谐和共生，人与自然平等对话，花香鸟语，流水潺潺，绿色成荫，正是“桃李不言，下自成蹊”。意境相融，天人合一，随缘适性，这正是中国传统文化所要表达的。

中国传统文化所沉淀下来的商业精神和基本价值观，帮助中国乃至东亚整体经济在20世纪80年代的起飞，为我们在寻求未来发展力量的时候，提供了很好的借鉴。同时也需要了解到传统文化中存在一些糟粕的东西，需要像康熙一样做出选择，主动扬弃。

重寻发展的力量

经济的发展是一个文化过程，短期的经济行为可以用经济逻辑来解释，长期的经济行为，一定会进入文化逻辑来解释，一个人、一个企业也是如此（Mariano Grondona，2002）。这也是需要特别关注理念的缘由，文化决定思维方式，思维方式决定人们的行为选择。以食品为例，许多西方速食品，根本谈不上什么营养价值，更没有温馨的餐膳气氛可言。誉满美国的首席名厨朱利亚·查尔德因为早期不满美国人的饮食毫无文化可言，于是推行讲究的法式烹饪而深得民心。而想不到就是这样的美国快餐在 20 世纪 80 年代来到中国的时候，成为潮流。很多中小学生都喜欢麦当劳和肯德基，不管家长多么的担心，并且不断地告诫孩子们，这些是“垃圾食品”，但是孩子们并不觉得，依然追捧。为什么这一代年轻人这样喜欢美国的快餐食品？这和他们的思维方式有很大的关系。孩子们接受的是“快速”和“便捷”的理念，所以他们的行为选择以是否符合这些理念作为基准，他们不再细嚼慢咽，不再喜欢中餐的搭配和讲究，反而是喜欢这些新潮的“快餐”。在他们看来，这一切都是全新的，是对过去的一种全新的变革，这正是他们所追求的。因此不难看到，在美国视为路边店的肯德基，在北京却占据前门最佳的位置，开店的时候竟有一对新人在店里举行婚礼。

过去 30 多年的开放历程中，最令人欣慰的是东西方开始展开欣赏和融合之旅，东方已经不再简单地崇拜西方，而西方也开始了发掘和重新认识东方的努力。因为长期担任新加坡国立大学企业管理课程主讲教授的缘故，让我有机会与不少主导管理和商业潮流的东西方商界人士和精英接触。一个有趣的现象是，往往倡导中国元素价值旗号的人，都是对西方深刻理解的亚洲人，他们不会盲目模仿西方概念，这些文化深度的创业人反而集中精神和资源，重新发展亚洲文化的产品，并加以现代包装和新鲜的营销手法推入市场。

这些文化企业家对于文化遗产固然执着和骄傲，却不是盲目地偏爱，他们是东西方文化最佳的整合者。以台湾地区的“时尚教母”，喜事国际执行长冯亚敏女士为例，在冯亚敏女士看来，“时尚不只是一件美丽的衣服，而是一种感染力，是对环境的反应与自我价值的表态”。13年前，她远征西班牙，用中国绘画的手法，展示出自己对于一个品牌的认知和对于鞋子的认知。在完全没有行业背景的情况下，取得CAMPER代理权，并将这双鞋子的品牌经营得有声有色。后来在国外时尚界人士的推荐下，陆续代理45RPM、COMME des GARCONS（川久保玲）、BALENCIAGA、Undercover、Maison Martin Margiela、Azzedine Alaia、Hussein Chalayan，还取得LVMH旗下Givenchy的代理权，并于2010年10月底在台北的101大厦开设新店。冯亚敏女士是时尚专业领域的佼佼者，她成功糅合西方（或应该说现代）和东方或中国（或传统灵感）的设计，以表达产品的传统神韵，又不失时尚优雅的感觉。2010年9月，冯亚敏女士将台北的凯达格兰大道化身为美丽时尚的代名词，她分析：“从事时尚要营造人心的美丽，并且与环境做好沟通，建立美的价值观才有意义。同时，时尚是一种感染力和它对社会环境的影响。”她强调：“透过服装可以描述时代的社会现象，记录和见证着历史的变迁与故事。”这是令人兴奋和鼓舞的发展。长期以来，世界潮流皆由美国垄断的大众文化带动，现在，由于像冯亚敏女士这样的企业家的努力，可以预期更多元化的产品和服务将帮助大众以另一种方式去演绎生活，因为一个文化真正的魅力来自于广大民众的接受和欢迎。

经历了30多年的发展之后，中国企业所赖以成功的因素需要做出调整，更多的企业认识到，提升产品素质，改善员工关系和回馈股东，减少对资源的依赖，以及回馈环境是必须做出的努力。企业已经觉察到，如果不大幅度改变经营战略以提升产品的文化内涵，想持续获得竞争优势是不可能的事情。许多企业之所以停滞不前，就是因为还在依赖原有的竞争优势来源，不能够提升自己，不能够找到今天发展所需要的动力，这一切主要的原因还是狭窄的视野使得他们缺乏更高层次的努力目标。

要启发企业领导者迈向更高的目标，就需要有来自其内心价值驱动的力量，这种力量能够维系人们坚持和战胜挑战。正如星巴克总裁舒尔茨在自传中如是说："星巴克尊重传承，从历史之中寻找力量，又不忘心系遥远的过去。这就是星巴克过人之处，使得它不仅仅是一家快速成长的公司或是一时的风尚而已。它之所以能够维持下去，力量来自其哲学。"

在 20 世纪 90 年代，招商局集团没能抵制盲目扩张的冲动，当亚洲金融危机袭来时，资金链紧绷，险些陷入灭顶之灾。十余年之后，当年困顿的招商局已经焕然一新：身处竞争性行业，利润总额在全部中央企业中排名第 11 ；产业布局合理清晰；资本结构稳健、现金流充沛。用招商局自己的话说，7 年时间，他们实现了静悄悄的革命。今昔对比，强烈的反差推动人们探求业绩背后的力量。在了解招商局发展的纪录中，我们看到大量文字材料中有 4 个字出现频率极高：漳州会议。

7 年前的这次会议，何以受到如此关注？招商局的董事长秦晓发现，在和同事们讨论一些具体工作时，往往会有较多的争论，而归根结底，争论来自理念的不同。所以，在漳州会议上，他向全集团的高级管理人员专门做了一次关于"现代企业管理理论、理念与实践"的讲座。这个讲座的内容，至今仍为招商局不少高管人员所津津乐道。在这次讲座中，秦晓就现代企业经营中经常涉及的许多理念，如制度和人的关系，知识和经验与能力，整合和发展，创新和均衡发展，股东权益和相关者权益，成本和效益，风险和收益等，做了深刻的阐述。通过讲座、讨论，使得大家逐步达成理念上的一致，这也许是漳州会议对招商局最重要的影响。值得注意的是，秦晓在这次会议上提出的基本理念，此后一以贯之，再也没有出现过摇摆。正是理念的统一，招商局走上稳步发展的道路。

无论是冯亚敏还是秦晓，在带领自己的企业持续发展的努力中，挖掘文化内涵的价值和作用是他们共同的选择。发展驱动的力量一定会来自于文化内涵，对于中国文化价值的理解并转化为经营模式，是他们成功的缘由。

历史也可以时尚

宽巷子是成都遗留下来的较成规模的清朝古街道，与大慈寺、文殊院一起并称为成都三大历史文化名城保护街区。宽巷子与窄巷子是成都这个古老又年轻的城市往昔的缩影，一个记忆深处的符号。

据记载，康熙五十七年（1718年），准噶尔部窜扰西藏，清廷派三千官兵平息叛乱后，选留千余兵丁永留成都并修筑满城，即少城。清制规定森严，满蒙官兵一律不得擅离少城染指商务买卖。靠每年少城公园（今天的人民公园）春秋两季的比武大会，论成绩优异领取皇粮过日子。风雨飘零，如今的少城只剩下宽窄两条巷子！2003年，成都市宽窄巷子历史文化片区主体改造工程确立，该区域将在保护老成都原真建筑的基础上，形成以旅游、休闲为主、具有鲜明地域特色和浓郁巴蜀文化氛围的复合型文化商业街，并最终打造成具有“老成都底片，新都市客厅”内涵的“天府少城”。据介绍，宽窄巷子历史文化片区保护性改造工程，将努力寻求历史文化保护街区与现代商业成功结合的经营模式，以“成都生活精神”为线索，在保护老成都原真建筑风貌的基础上，形成汇聚街面民俗生活体验、公益博览、高档餐饮、宅院酒店、娱乐休闲、特色策展、情景再现等业态的“院落式情景消费街区”和“成都城市怀旧旅游的人文游憩中心”，打造“老成都底片，新都市客厅”。

四川省历史学会会长、省中华文化学会副会长谭继和先生极富感情地如此概括：宽巷子的“窄”是逍遥人生的印记，窄巷子的“宽”是安逸生活的回忆；逍遥安逸，行云流水，顺其自然的生活态度，是成都人的精髓，是仙源故乡人居环境的神韵；短短的宽窄巷子承载着少城太多的历史信息与历史印记，令人遥想，慨然不已……改造后的窄巷子展示的是成都的院落文化。院落，上感天灵，下沾地气。这种院落文化代表了一种精英文化，一种传统的雅文化。宅中有园，园里有屋，屋中有院，院中有树，树上有天，天上有月……这是中国式的院落梦想，也是窄巷子的生活梦想。通过改造，窄巷子植绿主要以黄金竹和攀爬植物为主，街面以古朴壁灯为装饰照明，临街院落将透过橱窗展示其业态精髓。

最令游客感到神奇的是，在这个历史的缩影里，最鲜活的却是“新生活”。人们在成都最美的历史街区里，享受丰富多彩的美食；在成都最精致的传统建筑里，享受声色斑斓的夜晚；在成都最经典的悠长巷子里，享受自由创意的快乐。每一个小店的名字都富有诗意般的创意，我尤为喜欢一个又一个小店的名字：“见山”“满意”“上席”“荷欢”“听香”“宽度”“一饮天下”“花间”“里外院”……很多诗意的名字让人无限多的遐想，也融合了诗的境界，所以想想这里不愧是出唐诗宋词的山水之地。

宽窄巷子地点独特，坐落在成都的繁华边缘，自有历史价值可言。如今，到该处的旅客可以从重新修复的三进院、五进院察看到成都的过去，从这里的活力察觉中国市场经济的脉搏。无疑，宽窄巷子将成为中国这座让人来了就不想走的城市更加贴切和美满生活的象征。

在经过修复的宽窄巷子，里头的饮食、零售、娱乐、文化、休闲、商业和日常设备就像新建的广场一样，能够满足居民或旅客的需求。宽窄巷子集新旧于一堂，建筑物是如此，商店亦如此。在半开放的空间，巷子的深处就是一整排时髦的餐厅和酒吧。在这些古老的建筑物中，处处走动着新一代的年轻人。这里是成都的一个缩影，中西新旧和谐共存。传统巷子是经过修复，而不是复制。所有这些古老建筑物都有最先进的设备，包括隐藏着的先进电信线路和冷气系统，连建筑物各部分也保存良好。漫步在巷子里，会有茶的芳香，也会有咖啡的浓郁；会有民谣传出，也会有流行音乐徜徉，新与旧，东与西，天府之外之内，一切都在融合之中，那份时尚更加浓重地化开。

中国馆与上海世博会

2010年的上海世博会创造了一个奇迹，超过7000万人驻足观看，其中最吸引人的就是中国馆，它融合了中国古代营造法则和现代设计理念，诠释了东方“天人合一，和谐共生”的哲学思想，整个设计思想沿着传统文化的继承和转译而展开。它形如冠盖，层叠出挑，制似斗拱。四根粗大的方柱，托起斗状的主体建筑。斗拱是层层叠加的，秩序井然，越抱越紧，看似零碎的部件，却有难以估量的承载力，托起千钧重量，这个结构机理就是“堂皇端庄、宏伟壮观”，所有前来参加世博会的人一望便知它是中国的。

世界上三大建筑体系中只有中国古代建筑极其智慧地采用了斗拱。斗拱是中国传统木构架建筑中的一个奇特构件，早在公元前5世纪就已出现。它悬挑出檐，层层叠加，将檐口的力均匀传递到柱子上，其目的是将檐口加大并富有美感。这种形制在北京的天安门、山西应县的木塔、西安的钟鼓楼等建筑上都有应用。斗拱既是承重构件，又是艺术构件，它的应用使建筑形成“如鸟斯革，如翚斯飞”的态势，传统建筑中斗拱“榫卯穿插，层层出挑”的构造方式成为中国馆建筑形态的文化表达。中国馆总设计师何镜堂院士认为：“中国文化源远流长，很难用一个具象来表达文化的精髓，因此必须从总体意象中提炼。”为了选择一个合理的造型，他们从中国的绘画到雕刻，从出土文物到江南园林，从象形文字到京剧脸谱，每一个文化符号似乎都是中国文化的一部分，但每一个符号似乎又都不能达到心中理想的境界。经过百般琢磨，中国传统建筑中的斗拱对建筑设计师启发很大，于是决定从其入手，终获成功。

在建造过程中，中国馆对传统元素进行了开创性诠释，并大胆革新，将传统的曲线拉直，层层出挑，斗拱最短处就伸出了45米，最斜处伸长达49米，使主体造型显示出现代工程技术的力度美和结构美。这些简约化的装饰线条，自然完成了传统建筑的当代表达。中国馆的建造既吸取传统文化营养，又开拓创新，使其造型雄浑有力，宛若华冠高耸，具有现代意识，符合当代国际的高层审美趋向。

中国馆的造型具有标志性、地域性和唯一性的特征，其外表是什么颜色，这又是人们关注的问题。那么，什么颜色最能代表中国特色呢？设计者自然想到了“中国红”，一种代表喜悦和鼓舞的颜色，一种大气、稳重、经典的颜色。同时中国馆又融合了现代的元素，在其下部 33 米完全挑空，这些中心对称的空间和地区馆平坦延伸的空间，为人们休闲交流提供了充分的开放场所。具体地说，有四大交流平台，而这四大平台正体现了现代国际建筑设计的重要理念，即开放性和公共性，反映了时代精神。环境和能源问题是城市化进程中的现实问题，中国馆的建造处处透露出环保和节能的信息，外墙材料使用无放射、无污染的绿色产品；所有管线和地铁通风口都巧妙地隐藏在建筑体内；国家馆顶层景观台使用最先进的太阳能板，储藏阳光并转化为电能，可实现中国馆照明全部自给；同时还有雨水收集处理系统，雨水通过净化后用于冲洗卫生间和车辆；地区馆表皮还设计有气候缓冲带，屋顶运用生态农业景观技术，土层覆盖达 1.5 米，可实现有效隔热，节省能源在 10% 以上；在地区馆南侧大台阶水景观和南面的园林设计中，引入了小规模人工湿地技术，在不需要大量用地的前提下，为城市局部提供生态化的景观。

除了中国馆之外，整个上海世博会是一个能够同时体现各国传统和现代文化的地方。这里是一个城市生活的博览会，“城市，让人类生活更美好”的主题可以体现在不同的国家馆当中。令人感兴趣和生动的场馆繁多，不仅是建筑创意的展示，更是生活创意的大展示。很多人在此花上整天的时间，以极大的热情排队等候，哪怕是七八个小时，因为可以观赏不同地区生活的展示和各国民俗文化演出。我曾经和朋友们排队四个小时，看日本和服的表演，了解日本一个女子着和服的基本礼仪。

在上海世博园见到的人群都是兴高采烈的、喜气洋洋的，人们在各个国家馆中穿梭，带着期待、耐性和幸福。建筑工程和城市设计一目了然，非常美观，令人愉快，所有设计目的都是要让人们的内心深处能对建筑物和城市加深感觉和触觉。当人们来到这里，他的感觉会很深刻，人们在视觉和触觉上与这个空间建立关系。在这里，能感受到人们对美好生活的期望，各个国家传统与现代的融合，也会感受到中国与世界的融合。

传统文化的底蕴

上海世博会能够获得巨大的成功，既归功于世博会的组织与设计，也可以说是归功于中国文化的完美现代展示，具有中国传统文化底蕴的设计与产品，也一定是吸引全世界的。曾经听马来西亚的朋友介绍这样的一个创业故事："有一个 26 岁的青年，第一次出国，到了日本。在最热闹的池袋西武百货附近，正逢下班时间，他忽然看到一大群从地铁站出来的上班族，同款风衣、同款公事包，连动作神情都一样……接着他去看茶道表演，几个简单的步骤，一丝不苟，表现出极大的诚敬和尊重。在日本，吃饭也是新奇经验，料理店的服务生会先在门口说声"打扰了"，才拉开纸门；布好饭菜，温柔招呼"请慢用"，接着倒退着出去，再拉上纸门……来到古城奈良，先是惊讶于这个地方的宁静整洁，半夜漫步街头，心血来潮，弯下腰一摸，马路上竟纤尘不染！相对于物质仍然贫乏的中国台湾，他除了"妒忌"日本的经济发展和民生富足，更努力推敲：为什么战后的日本能从破败中迅速复兴？这个社会的精神基础何在？他继而描述，那时日本社会拥有坚固的文化价值，任何人都不敢冒犯，包括最前卫的艺术家在内。

另外，日本人先后取自中国的音乐、文化、艺术仍被保留和珍重至今，人民所流露出精神上的自信，以及民族社会的稳定性，让他心向往之。再回头看看中国台湾，他隐约得到这样的结论："一刀砍断过去的文化，未来的文化也就没有建立的基础，缺乏精神的依托和美，空虚随之而来。"故事的主人翁就是张毅，琉璃工坊的创立者之一。

那年他已经觉悟，如果一个民族不懂得尊重自己的过去，从历史中学习，就算经济再发达，也像是踩在棉花上，走不远、陷得快。随着年龄的增长，感想、推论渐渐条理分明，力度增强，酝酿出日后琉璃工坊"薪火相传中国琉璃"以及"有文化才有尊严"的基本理念。

琉璃工坊乃由台湾著名女艺人杨惠姗和名导演张毅创办，1987 年成立于台湾，目前在台湾和上海都有工厂和众多的美术馆或陈列室。琉璃工坊希望大家都能欣赏琉璃之美，不只是艺术家或富有者而已。琉璃工坊不是商店，而是美术馆；琉璃作品充满品位，陈列非常用心，有黑色基座配合适当的照明设备，尽情表达作品的特色。大部分作品是通过特殊脱蜡铸成，这是复杂的制作过程，价格自然高一点。大部分琉璃工坊的作品限量发行，巨作以佛像居多，一部分还成为北京故宫的永久收藏品。设在华盛顿的全国女艺术人作品博物馆（National Museum of Women in the Arts）、伦敦的维多利亚和阿贝儿博物馆（Victoria and Albert Museum）也收藏有琉璃工坊的作品。张毅感叹说："现代人对于可以经历时间考验、流传千古的东西没有兴趣，只想快一点赚到钱。很多专家也在教导人们如何利用最短时间、最简单的技术，尽早量产，尽早回收。但有很多功夫是省不下来的，这也就是为什么现代工艺无法超越传统，并且逐渐没落的原因。"

原来我以为玻璃和水晶都是外国人发明的，经过琉璃工坊的努力，才发觉 2000 多年前，中国就已经采用类似的技术制造出美丽的艺术品。今天，亚洲有许多艺术工作者回返母体，重新学习和复兴失传的艺术。他们创作了一批洋溢传统格调，蕴涵现代意识的艺术，重新点燃了复兴的火炬，为新旧中国艺术连接起来。从中国传统寻找素材，非但没有出现枯竭现象，反而对传统中国精华进行演绎，创作的想象因了解中国传统愈加飞腾。张毅说："从前很多外界人士不了解，说我们并没有真正超越传统，光是向传统学习就还有很大空间，在这一点上，我们就已经优于欧美国家了！"

某种程度上我很认同张毅的观点，这也是中国传统文化的底蕴，问题是为什么张毅可以超越而更多人没有办法做到？究其根本还是把中国传统的文化停留在理念层面，而没有转化为产品和行动。文化真正的力量来源于行动的习惯，拥有这样的行动的习惯，文化的力量不可估量。一个小小的琉璃工厂，连接的是传统与现代，超越的是东方与西方，从这里你所感受到的一定是中国传统文化的力量。相同的文化训练，为什么会有这样截然不同的效果？这是需要每一个人好好反思的部分，文化停留在理念的层面不能够展示其内在的力量，文化只有呈现在行为的习惯中，呈现在产品上，才可以显现其巨大的能量。

开启新理念

中国悠久的历史既是今天发展的文化底蕴，也可能是今天发展的包袱，在最近关于《三字经》是否需要删减的讨论中，凸显出这其中的矛盾。作为传统的经典读本，不应该也不能够随着时间的演变来调整。如果是这样，就不会有文化经典被传承下来，时代所需要的全新认识，取决于人们自己的主动认知，而不是随意地调整经典。最关键的是理念如何更新的问题，做到这一点，就需要做出四个方面的努力。

归零超越

受《说文解字》的启示，开始理解"智慧"的含义。"智"这个字，把它拆开是"日""知"，可以据此理解为每天知道多一点，就叫"智"。再看"慧"字，把它拆开，它是三个字的组合，上面两个"丰"，中间一个“雪”，下面一个“心”，也就是说，当心像雪一样洁白平静的时候，就会有双倍的丰收，能双倍地接纳别人的人，就是充满“慧”的人。所以智慧就是每天知道多一点，让你的心平静下来，不断地吸收，双倍地吸收，你就可以成为充满智慧的人了。

微软经营理念的核心概念是“追求智慧”。微软认为：微软所能贡献的，是一种智慧，微软必须做的就是为人类追求智慧做出努力。微软认为自己在打开一扇窗户，让人类去看世界，这个系统就叫“视窗系统”。正是基于这个理念，微软一直致力于人类智慧的延伸，也正是微软对于人类智慧的不懈追求，使得微软成为全世界最具影响的公司，同时也引领了行业和其他产业的创新发展。因为微软要为人类追求智慧提供一扇窗户，所以它可以一直保有竞争的地位，真正有力量的应该是微软的智慧。

在世界登山运动史上，被称为登山“皇帝”的梅斯纳尔创造了前无古人的壮举，他登临了14座8000米以上的高峰。更值得一提的是，他是唯一一个真正单人，不携带氧气设备，在季风后期攀登珠穆朗玛峰的人。在外人看来，梅斯纳尔每一次攀登，都是危机四伏的“死亡之旅”。在海拔8000米的高度上，人类的生理机能将会发生紊乱，继续向上攀登，大多数普通的登山者会因为空气稀薄而死亡。令人不可思议的是，梅斯纳尔不借助任何设备，把那些神秘莫测、险象环生的世界高峰轻松地踩在脚下。在梅斯纳尔之前，那些登临高峰的人们，无一例外携带一套又一套繁重的登山绳索和氧气瓶之类，并逐步建立高山营地，借助众多身强力壮的当地向导。但是在梅斯纳尔的登山生涯中，他依靠的仅仅是自己。由此，人们又不无疑问，梅斯纳尔何以能够依靠的仅仅是自己？梅斯纳尔和他登山的方式，令登山爱好者着迷。是不是梅斯纳尔独赋异禀？瑞士医生奥斯瓦尔多·奥尔兹通过测试认为：“与一般登山者相比较，梅斯纳尔的生理机能并没有任何超常之处。”

无数人从不同的角度探寻着梅斯纳尔成功的秘诀，最终还是梅斯纳尔自己揭开了谜底。梅斯纳尔的秘密就是：从低处开始。一般的登山运动者目标选定之后，为了保存体力，都会选择乘直升机抵达山前的最后一个小镇，成与败的关键恰恰在此。直接乘直升机抵达大本营对于身体的调节是不利的，这种看似直达目的地的方式，忽略了身体机能与环境磨合的契机。与此相反，梅斯纳尔坚持徒步到大本营，从低处就开始调节身体，调节呼吸的节奏来应对空气密度的改变。选择低处作为出发点，正是梅斯纳尔独特的智慧。

讲授了多年的 MBA 和 EMBA 课程，我最担心的事情往往会发生，每一次课程结束的时候我都会说："希望你们回到公司去，不要满眼看到的都是毛病，不要把学到的知识和方法拿来评价和挑剔。"可事实是，很多学完课程的同学告诉我，以前他们觉得公司还不错，学完课程之后，发现公司有很多问题，甚至非常危险。这正是我所担心的，因为企业永远是有问题的，也正是有问题才要求管理者回到学校学习和思考。但是，很多同学不是带着解决问题的目的把知识与实际工作结合在一起，不是吸收所有人的智慧来给企业提供一些好的解决方案，反而是发现很多很多问题，束手无策。如果学习的结果是看到问题，这是没有学好的表现，如果学生们是用智慧的眼光来探索管理的理论，我相信他们会在学习中得到很多启发，也会得到很多好的解决问题的方法。智慧的眼睛是看可以吸收的东西，不是看千疮百孔。就像营销中常常讲的一个故事，有两个人分别到非洲卖鞋子，一个人看到非洲人都不穿鞋子，非常震惊，马上通知公司不要在非洲卖鞋子，因为这里没有人穿鞋子。而另外一个人看到非洲人不穿鞋子，非常兴奋，马上给公司信息，大量生产鞋子运到非洲，因为这里的每一个人都需要鞋子，市场巨大，最后的结果是后者成功。这就是智慧之眼的作用。

一切从零开始，无论何时，不管以往多成功、多辉煌，都要放弃，一切从眼前开始。老鹰是世界上寿命最长的鸟类，能活 70 多岁，但在 40 岁时它要用150天的时间把老的喙、指甲、羽毛拔掉然后重新等它长出来，开始剩下30年的自由飞翔。正是在40岁的时候回归为零，老鹰才有了之后30年的自由。心态回归为零，就如前面讲到的“智慧”中“慧”的道理一样，只有心像雪一样平静才会有双倍的吸收。学会归零，就是指无论你取得什么样的成就，无论你获得什么样的知识，得到了之后就要把这一切变成过去，把这一切忘记掉，保留自己面对现实的习惯，保持自己面向未来的习惯，这个时候你的心态会归为零。我在研究企业文化的时候，在总结中国企业文化特点的时候讲过这样一个观点：在中国难的并不是接受新的观点，难的是忘记旧的观点。中国人一直以来都很骄傲自己的民族在几千年历史中取得的成就，无论是四大发明还是丝绸之路。但是，当我们还在念念不忘前人取得的成绩的时候，恰恰失去了现代的竞争优势。有一次，一位英国记者去访问已经很老的英国前首相丘吉尔先生，记者说：“先生，现在的年轻人已经不认识您这位著名的首相了，您会不会觉得很失望？”丘吉尔回答说：“我很高兴年轻人这样，一个善于遗忘的民族就是一个年轻的民族，一个年轻的民族就是一个有希望的民族。”

回归为零的心态还是一种舍得的心态。有“舍”才有“得”，这个道理很多人都接受，但是能够这样去做的人并不多。一个人如果能够回归为零，得到的正是你所付出的，舍的越多，得到的也就越多。在亚洲，有一种捉猴子的陷阱，他们把椰子挖空，然后用绳子绑起来，接在树上或固定在地上，椰子上留一个小洞，洞里放一些食物，洞口大小恰好只能让猴子空着手伸进去，而无法握着拳头伸出来。于是猴子闻香而来，将它的手伸进去抓食物，理所当然地，紧握的拳头便缩不出洞口，当猎人来时，猴子惊慌失措，更是逃不掉。不是人捉住猴子，它是被自己的执着所俘虏，它只需将手放开就能缩回来。

中国的佛学讲求“舍得”，没有舍，就不会有得，这个见地建立了某种价值的标尺。无论对世事的认识，对知识的把握，还是对人生的了解，人们都以此为人生价值的一个标准，它说明人们好恶、取舍和喜悦之心。这个人生的价值标准本能地引导人们确定行为的选择标准；这个人生的价值标准本能地引导人们把精神的价值与物质的价值分离，却又能够更热情享受各自本分中的生活，可能这也是人们天生愉快而幽默的原因。这个人生的价值标准本能地引导人们怀疑金钱的功能而倡导“大丈夫”的精神，贫贱、富贵、威武不屈、不移之风，并将此种理想输入人们的生活准则之中；这个人生的价值标准本能地引导人们怀疑对物质世界的追求，而提倡精神世界的追求，并将此融入生活的艺术与文化的艺术，它教导人们基本的道德标准，如忍耐、勤俭、谦恭、和平。这个人生的价值标准本能地给人们价值的意识并教导人们接受人生的物质与精神的优缺点，它告诉人们，无论人生的目标如何设定，人的最终目标是为人类的幸福，是“小我”与“大我”的关系。心中的欲念使人放不下，内心的欲望与执着，使人一直受缚。唯一要做的只是将你的双手张开，放下无谓的执着，不要再执着于过去，不要再执着于既得的东西，学会放下，学会舍得，就能够成为一个真正成功的人。用这样的价值判断带领企业发展的管理者也才有机会让企业成为成功的企业。

开放学习

1994～2004 年对中国领先企业的研究，让我知道这些企业之所以成为领先的企业，一方面源于自身的努力，另一方面来源于中国迅猛发展的环境，还有一个重要的原因是它们都有开放学习的能力和习惯。《财富》杂志 2003 年精心选择了十几位全球最有代表性的商业领袖作为其系列广告的代言人。柳传志站在落地玻璃窗前，极目远眺，表情坚毅。“一个学生”，印有柳传志照片的广告这样描述这位有影响力的中国商业领导人。柳传志在 1984 年创办的联想公司，先是以 IBM、惠普作为学习榜样，然后以联想独特的方式主导了中国本土 PC 市场。联想的发展模式也几乎是中国大部分成功企业实现领先的路径和方法。华为甚至为了向 IBM 学习，不惜花十年时间让 IBM 的顾问团队陪同华为的员工调整整个流程。正是这样的学习决心，让华为成为可以进入国际市场的中国公司，并让全球的同行认同和钦佩。

开放学习，并不是中国企业独创。从 20 世纪 80 年代开始，通用电气公司快速成长的 20 年历程中，最让我感兴趣的就是通用电气公司所倡导的“标杆学习法”。通用电气要求全体员工向其他企业学习，向同行学习，向同事学习，正是这种彻底的学习使得通用电气成为最具竞争力和最具价值的企业。学习是一个不断寻找优点、不断提升品质的过程，有人提出向失败学习，向挫折学习，我基本上持相反意见，我坚持需要向先进学习，向成功学习，向优点学习。学习本身是为了提升品质，品质的获得需要在学习过程中不断地调整自己，尤其是参照先进调整自己的标准，参照优秀调整自己的标准，这样会使品质得到提升。

另一个因开放学习而成功的典型例子是三星，三星用超乎寻常的努力成为全球电子霸主。20 世纪 90 年代初期，李健熙就已经准确地预测到，中国的制造业将生产出比韩国更廉价的电子产品。于是，他指示三星要制造高品质、高价位的产品，并将管理团队聚集在一起，让他们用槌子把低品质的 15 万部手机全部打碎，以警示员工必须生产优质产品。为了要求全体员工做出根本性的改变，李健熙和全体管理者齐声高喊：“除了妻儿，一切都要变！”10 年后的三星，品牌价值的增值是 108.46 亿美元，跃升为世界第一，IC 半导体、平面电视等 18 种产品领先全球。三星成功的原因很多，其中给我启发最大的是，三星鼓励公司同仁使用其他品牌的电器以取他人之长，李健熙自己的家里也是一个电子产品实验室，公司的新产品和对手公司的产品他第一时间试用，保持和时代同步，吸取同行的优点是三星的优势之一。联想到国内的电子公司刚好选择相反的行动方向，员工必须使用自己公司的产品，管理者和老板更是带头做出示范，如果有员工使用了同行的产品，公司的同事一定觉得他对公司不忠诚。是否使用自己公司的产品，已经上升到对公司是否忠诚的高度，这真是一个反差极大的例子。三星的成功提醒我们，中国企业的学习还是不够开放。更有甚者，大部分中国企业在了解到同行出现问题的时候，不是警醒自己，而是窃窃欣喜，内心里没有对同行的欣赏和学习，有的是幸灾乐祸的心态。这一点一定要彻底做出改变才行，没有真正开放学习和欣赏就无法学到真本事。

除了上述情形，中国企业在学习方面所表现出来的形式主义也是很令人担忧的。每次带领企业的管理人员去参观优秀企业的时候，总会有一些很有意思的现象。管理人员在参观中，只把眼睛和身体带到学习场景中，思想和习惯没有进入场景，他们所观察到的、学习到的东西非常有限。更奇怪的是，他们总是习惯性地发现参访企业存在的问题与不足，会为发现了别人的不足而感到高兴，甚至会为自己原有的习惯找到依据，并加深自己的习惯性思维和旧有的习惯。上述现象在企业参观学习中非常普遍，这样的学习仅仅是形式主义的，甚至是更有害的，因为形式主义学习的取舍标准还是企业自身的主观判断，没有用客观事实做依据。结果，管理者一方面出去学习了，另一方面却更加坚定了自己的旧有习惯。虽然企业自己的习惯不一定不好，但是在学习的时候要忘记自己，要把身心放开，接纳所有。只有真正放下自己，开放心态，才有可能真正学到东西，也才有可能进步和提升。正如李健熙带领的三星，用欣赏同行的学习超越了自己，同时也超越了同行。

尊重价值

一切以价值为标准是开启新理念的第三个方面。中国传统文化过于注重实利和现实的习惯，让很多人养成了功利的心态和实利判断价值标准，这样的习惯无法获得新的视野和长久的观念。

中国传统文化中有很多本质的特征，其中两点非常明显：经世重教和崇古重老。中国文化中的“道”是源于实际的伦常关系和社会政治生活中的一种理论概括，也是封建伦理纲常、制度和统治秩序的总体表达。个人得道是个体修养的最高境界和人生理想的圣化，论道是为了经邦，为了辅弼君主而成为经世之才，以重政务为特征的经世思想，成为中国文化的显著特征。孔子、荀子和历代思想家无不倡经世、重教化，教化过程本身便是在从政，在经世济民。这种经世重教的特点还体现在生活中的其他方面，如古代画论和特有的书院制度。儒家主张并孜孜以求的内圣外王，也是经世致用思想的两种表现形式而已。经世重教这种思想铸造了中国封建社会政治、经济、文化以至于民族性格的内在精神。受社会经济结构和政治结构的制约，中国文化存在着贯穿始终的先王观念和传统崇拜的思想，即崇古倾向，敬天法祖，慎终追远为特征，以崇古重老占主导地位的儒家思想最发达，它所倡导的孝悌思想，以孝立身、以孝治天下的原则，成为人生准则和社会心理，这必然生发出尊祖敬宗的伦理观念和崇古倾向。同时由于中国社会既是农业社会，老人凭借丰富的经验而具有很高的地位和价值，又是宗法社会，宗法伦理的基本精神是尊敬孝顺老人，一切言行以老人为楷模，这种价值准则和社会心理促使中国文化中的崇古重老的特点十分明显。

这样的理念保持了中国社会的稳定和持续，但是也从另外一个方面约束了人们的价值判断，使得一切都以历史为重，以老为重，以道为重。对于今天这样一个巨变的环境，经验已经不足够，很多经世哲学其实无法回答现实中的问题，更加无法应对未来的挑战，这就需要找出新的判断方法，一切以价值为准则。在改革开放的最初阶段，正是那些尊重价值的创新尝试，带领着中国走上了飞跃之路。

深圳速度　深圳是中国经济改革的特区，从特区诞生的那一天起，就一直吸引着人们的视线。特区总是有些特别的地方，深圳的建设发展速度比国内任何城市都快。20 世纪 80 年代，160 米高的国贸大厦曾以“三天一层楼”的“深圳速度”震惊全国，10年后，383米高的地王大厦又以“九天四层楼”的“新深圳速度”在全国乃至亚洲独领风骚。在建造地王大厦的两年多时间里，人们没有听到过喧嚣和噪声，没有看见过垃圾和杂乱，它四周的马路在凌晨时分总是被冲洗得洁净如初，工地围墙也多次被粉刷一新，地王大厦是安安静静又干干净净长高的。人们说这就是深圳，只有深圳才有这样的速度，只有深圳才有这样的效率，也只有深圳才有这样的文明。年轻的深圳充满青春气息，漫步在深圳的街头，你不可能像在其他城市那样，看到古老的城门、陈旧的店铺、狭窄的小巷、爬满青藤的老屋，这里有崭新的大道、高耸的楼房、川流不息的车辆和一张张年轻的脸。在这些年轻的脸上，你能读到自信和勇敢，憧憬和向往，坚毅和执着，刚健和机灵，也可能读到疲惫和茫然，但不会有老态龙钟。这样一种年轻，在中国众多的城市中显然是独一无二的。深圳速度同样反映在深圳的经济发展速度上。据权威资料统计，深圳现在是中国内地人均国内生产总值最高的城市，经济总量相当于一个中等省份，是经济效益最好的城市之一；国内生产总值居大中城市第四位，财政收入居大中城市第三位；进出口总额占中国内地七分之一，连续10年居大中城市第一；港口集装箱吞吐量居中国内地第二位，世界第六位；深圳机场是华南航空货运的重要枢纽。

温州模式　温州模式是一种典型的利用民营化和市场化来推进工业化和城市化的区域经济社会发展模式。它是“以市场为导向，以小城镇为依托，以农村能人为骨干，发展起来的民间商品经济”。温州模式说到底，是发展市场经济的模式，是放手发展民营经济的模式。费孝通先生的“小商品、大市场”则是对温州模式的经典概括。

顺德模式　顺德市1992年年初设立了市建制，以前的顺德县创造了乡镇企业以镇办为主、组建乡镇企业集团、创造名牌产品的模式，可以简化为“乡镇——企业集团——名牌产品”的模式，这就是顺德模式。当时，顺德政府提出了“三为主”（以集体经济为主、以工业为主、以骨干企业为主）的经济发展思路，这就是顺德模式的核心。按照“三为主”的经济发展思路，顺德经济得以快速发展并闻名全国，声名居“广东四小虎”之首。顺德位于珠江三角洲的“肚脐眼”上，离北面的广州不到30公里，离深圳、香港、澳门也近在咫尺。顺德已经形成了完整的家电产业链，美的、科龙、格兰仕、万家乐每年庞大的配件外采带动了本地配件厂家的快速发展，形成了配套齐全的产业供应链。顺德是中国目前家电行业配件企业最多、配套能力最强的地区之一，配件业产值已占全市工业产值的5%、家电业产值的10%左右，2010年美的更是实现了1100亿元的销售额。

无论是深圳速度、温州模式，还是可怕的顺德人，这些改革开放初期的创新，让全世界惊讶于中国的发展和进步，这些正是源于人们对价值创造的全新认同和理解。这些地区的价值创造，让国人找寻到了连接传统与现代的桥梁，这个桥梁就是尊重价值，不以经世重道和崇古为准，不断地围绕着价值创造展开，充分发扬光大传统文化的价值，不断创造新的价值。

拥抱未来

2009年一部电影《阿凡达》开启了人类面对未来世界的再一次思考，当国人涌向电影院的时候，也同时拷问自己对于未来做出了什么反思和行动。我总是惊讶为什么这类电影总是在美国诞生？为什么中国的电影总是在回忆过去？我们虽然生活在2010年，也许还是古代人，因为现代人看向未来，而不是回忆过去。

德鲁克先生说：“行之有效的创新在一开始可能并不起眼。”而这不起眼的细节，往往就会造就创新的灵感，从而能让一件简单的事物有了一次超常规的突破。德鲁克先生一直认为，创新不是那种浮夸的东西，它要做的只是某件具体的事，否则，所谓的创新只能是一句空话。创新不一定是“以大为美”，但是创新一定是对未来有某种认识，是把企业和未来的变化创造性地连接在一起，创新不能掉以轻心于企业活动中的既不相同却又相互关联的每一个细节；创新的形成必须透过企业与个人的共同努力，创新活动一定是和改变与全新的尝试相关联。实际上，一个成功的创新活动必须是在企业愿意采取创新活动的前提下进行的，必须是企业对变化有了明确的判断。无论是人与人之间的情谊还是企业中所弥漫的气氛，都会影响创新活动的成败，而对于未来的期望正是塑造这些非正式的人际关系与企业气氛的主要动力。具有未来导向的企业文化若能激励与支持创新活动，将能进一步增进创新产品或服务商业化的机会。对于未来的态度是促进企业创新力形成的主要因素，作为企业或组织发展的动力，以创新为本质的企业文化应当激励员工拥抱未来的精神。

企业管理层可以通过制定合理的、具有挑战性的未来目标，提出阶段性的成果要求来引导创新。同时，管理层必须包容创新带来的风险，相互信任与充满信心的气氛可以让建议或疑问在真正开放的环境中得到讨论；通过赋予员工挑战性的工作同样能够激发员工潜在的创造性才能。宽容失败是衡量领导者能否构建有活力的企业文化标准之一，既然失败的经验是企业无法避免的，那么只有不畏失败，鼓励员工挑战的精神，才会取得成功。相反，在官僚化的组织中，由于采取追究失败责任的态度，反而造成畏事主义，组织因此逐渐僵化。“失败是我们最重要的产品”——强生公司前总裁约翰逊如此说。3M 公司前总裁理查德·卡尔顿则说：“我们公司的确碰巧‘撞’上了一些新产品，但永远不要忘记：只要你想前进，那么你就只能去‘撞’。”员工进入组织以后，承担的工作越富有挑战性，他们的工作就会越有效率、越成功，并且这种状况会持续下去。比如英特尔公司，会直接授予员工较高的位置，促使他们以更快的速度学习，并达到目标，而这也让英特尔公司成为面向未来的公司。

拥抱未来的企业，我也称之为学习型组织。21世纪用知识的眼光看企业，企业的组织就是一个对知识进行整合的机构。随着知识经济的发展，这时候的企业文化是一种力量，它对企业兴衰将发挥着越来越重要的作用，甚至是关键性的作用。世界500强企业出类拔萃的技术创新、体制创新和管理创新，事实上是企业创新而独到的文化。为了在知识经济条件下增强企业的创新能力，学习型组织的建立成为创新文化的关键因素。世界排名前100的企业中，已有40%的企业以学习型组织为样本，强调组织持续创新和改进，它们都选定了一种“持续改进”的意识推广模式，而这一模式与企业的战略发展和文化相一致。“今后的500强企业将是采用创新企业文化和创新文化营销策略的公司。”企业文化学的奠基人劳伦斯·米勒预言，“最终的竞争优势在于一个企业的学习能力以及将其迅速转化为行动的能力。”当企业拥有这样的能力时，意味着企业拥有拥抱未来的能力。

归零超越、开放学习、尊重价值、拥抱未来是全新理念的具体体现，企业需要开启全新的理念来应对变化的环境，以此理念来锻造员工的行为习惯。唯有这样，企业才有机会接受未来的挑战，并具有面对未来的能力。

文化不能从上向下压，因为它应该是从下面高涨起来的。

——里德

09
第9章

打造企业文化

企业文化管理的误区

企业文化管理在20世纪80年代随着向日本企业学习的热潮来到中国，算下来也有了超过30年的发展历史。在这个过程中，涌现出一批具有优秀企业文化的企业，而大部分企业还在构建自己企业文化的探索中，很多管理者对于企业文化的理解还比较模糊，甚至存在误区。有人认为企业文化是企业之歌、企业标识、企业口号；很多时候，人们把企业的文体活动称之为企业文化，具有企业的理念也称之为企业文化。企业文化到底是什么？在什么情况下，企业文化构建完成？这一系列的问题，都需要界定清楚，否则就会出现管理实践上的偏差。

如前文，企业文化是企业内部成员的共同价值观体系，表现为企业的“个性与风格”，它以企业宗旨、企业理念的形式得到精炼和概括并获得传播，最终由企业的产品和员工行为习惯体现出来。企业文化的存在是面对竞争，面对环境所做出的选择，是实现战略的基石，是吸引优秀人才的保障。企业文化的核心是价值观，表现为行为，即企业的凝聚力，员工对企业的忠诚度、责任感、自豪感、精神面貌和职业化行为规范，企业文化的改变会带来行为方式的改变。

企业文化具备开放性、阶段性、发展性的特点。在实践中，不能准确把握企业文化的这些特点，将对企业的经营活动产生非常严重的后果。

误区一：每个企业都有企业文化

只要有人群的地方一定就有文化，所以每个企业都有自己的文化。但是，并不是每个企业都有企业文化，因为是否具备企业文化，衡量的标准是企业在环境中的生存状态、在竞争中是否具有竞争优势的状态，产品和企业获得顾客认同的程度如何，以及员工的凝聚力和忠诚度如何。如果企业在市场竞争中并没有形成自己独特的竞争优势，没有与环境变化和发展的趋势走在一起，产品并没有获得顾客的认同，企业形象没有在顾客内心中获得确认，员工流动性高而且没有认同公司，此时，企业文化并没有形成，公司所具有的只是一种企业自发的文化，或者企业创业者自己所倡导的文化，企业文化还在初创阶段。

误区二：企业文化就是老板文化

持有这种认识的人还比较多，认为有什么样的老板，就会有什么样的企业文化。的确，企业创始人对于企业文化有着决定性的作用，但是这种作用是体现在构建企业文化的过程中，体现在如何推进和倡导企业核心价值观的过程中，体现在身体力行、示范企业价值观的行为中，但是绝不是直接代表企业文化。如果一个企业的文化完全是老板文化，只能说这个企业还停留在初创阶段，因为在这个阶段，企业所有的价值判断、对环境认识以及为生存所做的努力，必须由老板一个人来承担，所以他的所有行为选择就是企业的选择，因此老板文化就是企业文化在此时是成立的。但是，在企业从初创阶段向成长阶段发展的过程中，最重要的一个转变就是管理团队需要承担责任，员工需要承担责任，公司的价值判断是通过管理团队与员工的行为选择体现的，如果企业无法做到这一点，也就意味着这个企业还是停留在创业阶段，并没有获得成长。老板文化代表企业文化是企业创业阶段的文化，从创业阶段发展到成长阶段，就要做出改变，否则企业无法真正成长起来，甚至可能因为这样的企业文化而导致企业根本无法发展，这也是一些中小企业无法长大的一个根本原因。

误区三：只要一个公司内的大多数人认可一种价值观，它就是企业的文化

大多数的员工因为共同生活的背景，或者相同的际遇，很容易出现在一些问题上的价值判断相一致的情形。如果很多员工一起工作的时间较长又有比较一致的世界观，也很容易达成共识，但是这些共识并不是公司确认的价值观，而是员工自己的价值观，不能够因此而认为取得大多数人的认可就等同于企业文化。如果公司内的大多数人认可的价值观和公司所倡导的价值观相近或者一致，对于建立企业文化非常有利；如果公司内大多数人认可的价值观和公司所倡导的价值观相违背，对于建立企业文化非常不利，这需要人们在构建企业文化的时候特别注意。

误区四：企业文化就是统一员工的思想

企业文化如何展示出来是一个非常重要的问题。大部分情况下，企业文化都是以理念或者精神、宗旨的方式来表达，也许是因为这个缘故，人们总是认为企业文化就是强调一种理念或者精神，构建企业文化就是要统一员工的思想。这个理解存在着误解，因为企业文化并不是要统一员工的思想，如果企业文化以统一员工思想为目的，带来的结果一定是僵化和缺乏创新，而这不是企业文化的本质特征。企业文化真正统一的是员工的行为方式，只有统一的行为才会形成凝聚力，才能够让企业文化发挥作用，才可以发挥组织和团队的力量。同时，也因为企业文化是统一员工的行为，鼓励思想开放、思维创新。换句话说，就是员工在思想上可以拥有独立判断、可以有很多创意，但是行为上必须保持一致，必须符合公司的理

念和宗旨，必须能够体现公司的价值取向。所以，我也常常说：企业文化是统一行为，在统一行为的基础上，统一大家的意志，有了共同的意志，共同的行为，企业文化的力量就会显现出来。

误区五：企业文化是一套潜规则

人们常常可以感受到文化所发挥的作用，而且这种作用是以潜规则的方式体现出来的，进而认为企业文化也是企业内部生存的一套潜规则。我不完全同意这个观点。的确，文化就是一种规则，公司内部会存在着一些潜规则约束着人们的行为和选择，很多时候这些潜规则并没有明文规定，但是只要进入公司一段时间，人们自然而然地就会依照着这些规则来安排自己的行为，从这个意义上我会同意企业文化是一套潜规则。但是，需要强调的是，企业文化首先是一套规则，是明确的、明文规定的、显性的。正是因为企业没有明确提出自己的价值主张，没有清晰地在公司内部传递，没有很好地灌输并公开表明自己的价值标准，以至于企业文化以潜规则的方式在公司内部传递。从这个方面来看，衡量一个企业的文化是否形成，可以看企业员工是选择潜规则做事，还是运用显规则做事，如果是采用前者，表明企业文化还没有形成。

误区六：企业文化一旦建立就可以一劳永逸

优秀的企业总是小心地维护着自己的核心价值观，这是企业得以成功的核心关键因素之一。也正是因为这一点，导致了人们认为企业文化是一劳永逸的误解。认为企业文化可以一劳永逸的观点是错的，因为企业文化必须与环境互动，必须与变化互动，必须和变化的趋势站在一起，这就要求企业文化能够持续更新，保持开放，并能够吸收和借鉴其他企业的优点。无论是文化本身自我更新的特点，还是企业自身需要持续改善的特点，都要求企业文化具有更新和自我超越的特性，做到这一点的企业文化才可以推进企业的成长，如果刚好相反，就会阻碍企业的发展。

企业文化认知上存在着上述六个误区，使得人们在管理实践中遇到很多的问题，这就要求人们回归到企业文化本身的理解上做出努力。但是，不能够简单地把企业文化独立来看，而是要结合环境、变化、战略以及老板、员工的价值观之间的差异，甚至治理结构、利益相关者等因素，还要理解企业文化本身所包含的制度层面的意义，企业文化与社会文化之间的关系，把这些问题整理清楚并获得正确的认识，对于构建企业文化有着极其重要的意义。

企业文化的若干管理问题

第一个问题：为什么有什么样的企业家就会有什么样的文化，企业家真的就可以代表企业文化？

人们有一个共识，中国的企业文化大体就是企业家文化，或者说是企业一把手文化，这种说法太片面。先来看看企业文化的形成过程。

图 9-1 就是企业文化之旅。图 9-1 表示，企业形成具有竞争力的企业文化需要经历生存目标导向、规则导向、绩效导向、创新导向、愿景导向这五个阶段，企业家代表企业文化只是第二个阶段。中国大部分的企业只是停留在企业家代表企业文化的阶段，而对于构建企业文化来说，这只是企业文化建设的初级阶段，离真正形成企业文化还有一段很大的距离。

图 9-1 想要表达两层内容，第一层意思指的是企业文化形成具有不同的发展阶段；第二层意思是指每个发展阶段的企业文化，都需要有明确的价值导向。第一是生存阶段，在这个阶段企业为生存奋斗，可以存活是最迫切的要求，所以价值取向是以目标为导向；第二是企业家代表企业文化的阶段，这个阶段企业应该构建规则体系，企业文化以规则为基础；第三

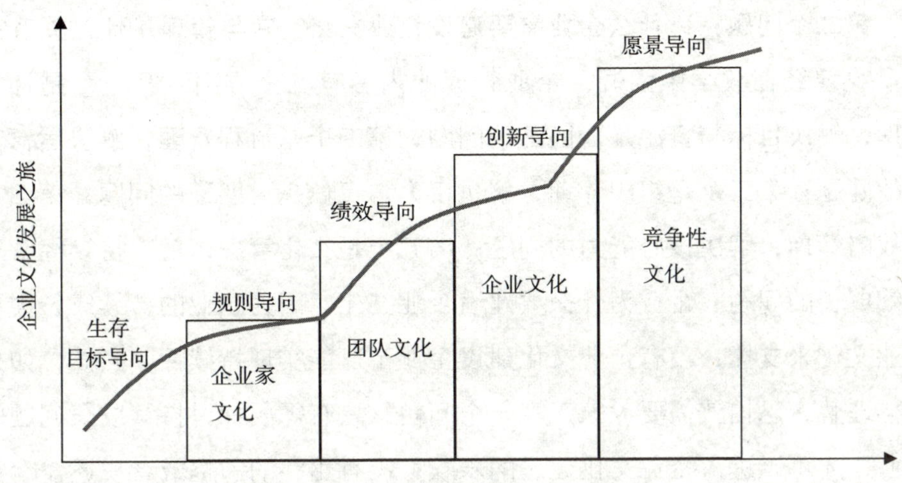

图 9-1　企业文化发展阶段

是团队代表企业文化的阶段，这个阶段以绩效作为基础，厚实的绩效可以帮助企业构建系统能力；第四是员工代表企业文化，这个阶段以创新为导向，当每一个员工都能够发挥作用，企业可以接受变化和包容失败时，企业才有创新的能力；第五是企业文化真正形成的阶段，这个阶段以愿景为导向，企业具有了核心价值能力，可以用文化凝聚所有人从而获得强有力的竞争地位。我之所以认为中国企业目前还停留在第二阶段，也就是企业家代表企业文化阶段，是因为企业没有建立规则。现实中的中国企业，不遵守规则的人恰恰是企业家本人，我常常举例子说：一个规定全公司统一着装的公司，唯一不穿工服的人恰恰是企业家。如果企业家不能够带领企业构建规则，那么这个企业的企业文化就不可能发展起来，这也是为什么中国企业只是停留在企业家文化这个阶段的原因，因为没有规则导向作为基础。今天中国大部分企业依然在企业家文化阶段，还需要不断地形成规则导向；也有少部分企业具有以业绩为基础的文化，不受企业家个人能力和因素影响；更少的企业在第四阶段，实现了形成创新文化的组织能力；唯一可惜的是，中国目前还没有企业具备竞争性文化，对于中国企业来说，企业文化还不能够形成核心竞争力。

第二个问题：为什么企业需要建设企业文化？它与管理是什么关系？

我曾经在教学中强调，企业管理的内容有五个方面，第一个是计划管理，解决目标与资源是否匹配的问题；第二个是流程管理，解决运营效率的问题；第三个是组织管理，解决权力与责任是否匹配的问题；第四个是战略管理，解决核心能力的问题；第五个是文化管理，解决持续经营和持续成长的问题。企业为什么要建设企业文化？因为企业的持续成长需要企业文化来支撑，没有企业文化建设企业不可能实现持续性。当然，如果这样理解，恐怕就需要大家正视一个问题，只有需要探讨持续成长问题的企业，才可以进入企业文化建设的步骤；没有生存的前提或者说还没有把前面四个管理做好的企业，是不能够也不应该提前进入企业文化建设阶段的。

企业文化建设本身就是一种管理，所以我们不能够问企业文化建设与管理有什么关系，而是要理解为企业文化是管理本身。只是企业文化管理更多的是关注企业的组织氛围，关注员工行为的培养，关注价值观的选择这些比较柔软的东西，不像其他管理方式那样“硬”。运用企业文化管理，目的就是要形成企业的共识，所以达成共识的这个功能只有企业文化管理才能做得到。

第三个问题：企业文化是企业的核心竞争力吗？它如何推进企业的绩效？

企业文化不等于企业的核心竞争力，只有企业能够以愿景为导向，此时企业才具备了竞争性文化，企业文化才能够成为核心竞争力的来源。很多人之所以把企业文化等同于核心竞争力，是把企业文化所表现出来的企业“个性”误解为企业与其他企业的差异化。

企业文化的核心是企业成员的思想观念，它决定着企业成员的思维方式和行为方式，它对于推进企业的绩效是从两个方面发挥作用的，一个是当企业能够以业绩为导向时，企业文化会推动企业的绩效，事实上这个时候的企业文化，称之为基于业绩的企业文化；另外一个方面是企业的文化理念能够与市场的特征吻合，符合市场和顾客的价值需求，这样的企业文化会为企业带来市场的共识，从而得到来自企业外部资源的支持，从而支持企业的绩效。但需要特别说明的是，有业绩不能够说明就是具有核心竞争力，企业还需经过创新阶段，发展到能够用愿景提升企业、提升员工行为的阶段，这个时候企业才以文化作为企业竞争力的来源。

第四个问题：要成为行业先锋或领袖，是否首先得培育优秀的企业文化？

如果已经进入到行业先锋或领袖的阶段，培育优秀的企业文化变得非常重要，因为此时企业需要回答的问题已经上升到了持续发展的问题。企业文化对于一个企业的成长来说，看起来不是最直接的因素，但却是最持久的决定因素，如果没有优秀的企业文化支撑，行业先锋或领袖就没有基础。张瑞敏曾说过，“海尔的成功是观念和思维方式的成功。”海尔的扩张主要是一种文化的扩张——收购一个企业，派去一个总经理、一个会计师、一套海尔的文化。纵观世界成功的企业，如美国 IBM、日本丰田汽车等，其长盛不衰的原因主要有三个，即优质的产品、精明的服务和深厚的文化底蕴，而且优质的产品、精明的服务往往产生于深厚的文化底蕴。

第五个问题：在这个转型期，企业文化也必须转型吗？一个企业怎么完成它的转型？这是否意味着企业文化的可塑性强？

任何文化，包括企业文化都有非常明显的时代痕迹，都需要符合时代的要求，文化所更新的东西是时代的特征，或者说“与时俱进”。所以，当看到一个企业能够在市场上获胜，能够领先于同行时，它的企业文化就会起作用。刚刚改革开放的时候，时代的要求就是改革、开放、冒险，敢为天下先，符合这一特征的企业都有了高速发展，比如广东的个体户、当时的牟其中。到了 20 世纪 90 年代，时代的特征是务实、服务、品质，符合这一特征的企业发展起来，比如海尔、康佳、科龙等，而到了今天，时代的特征是国际化、速度、创新，符合这个特征的企业文化成就了一大批著名的企业，如美的、华为、联想、阿里巴巴。但是，这也仅限于让企业与市场特征相吻合的方面起到作用，不能够夸大企业文化的作用。

一个企业的企业文化是不断更新的过程，这也是文化本身的要求，我无法用简单的话回答你如何完成它的转型，就像中国今天在迈向现代化的过程中如何实现中国文化的转型一样，是一个根本的话题。它是一个系统工程，需要从领导者到员工的彻底努力。我可以给大家一个案例，你从中可以知道如何做转型。这个例子就是通用电气从 20 世纪 80 年代开始的观念革命。文化的不断更新并不意味着文化的可塑性强，文化在根本的价值追求上是恒久不变的，文化所更新的东西是时代的特征，或者说“与时俱进”，这是文化自身的特性。

第六个问题：有人说“大企业靠文化，小企业靠命令”，你赞同这样的说法吗？创业型企业和小企业怎么建立自己的文化？

这个说法在一定程度上是对的。小企业因为管理幅度小，管理者能够直接带领经营的过程，直接命令和以身作则会更容易见效。对于创业期的企业和小企业来说，企业文化建设并不是它的主要方向，反而基础的管理是它的主要方向，不要在企业文化建设方面花太多的精力和资源。要让所有的员工知道企业赞赏什么样的行为，反对什么样的行为，清清楚楚、简简单单就好了。就如张瑞敏一上任所做的第一条规定就是“不准随地大小便”，国外学者觉得惊讶，但这恰恰是海尔文化的起点。如果这时开始了企业文化建设，结果只能是“文化墙上挂，行动地上爬”。企业把其他的管理做好，具有盈利能力的时候，才是谈论文化的时期，如果连这些都还不具备反而去谈企业文化建设，那么也就只好空谈。

创业期企业和小企业应该用明确的行为选择来表达自己的企业文化，

这个时期最重要的是获得生存的机会。一旦企业长大了，需要的是自我管理，需要人们根据公司的价值选择来约束自己，所以文化才会成为管理的基本手段之一。只有需要探讨持续成长问题的企业才会真正进入企业文化建设的进程，没有生存的前提，或者说还没有把前面基本的管理做好的企业是不能够也不应该提前进入企业文化建设阶段的。有一个企业的老板想邀请我去做他的企业文化顾问，我问他企业的盈利如何、市场占有率如何。他告诉我说在行业里根本排不上位置，我就告诉他，如果是这样就不应该做企业文化，而是应该做市场、质量以及产品。

第七个问题：现在中国企业对企业文化喊声大、雨点小，你到企业去看，往往是挂在墙上的精神和理念。这就是说，企业文化还没有真正热起来，症结在哪里？

导致“中国企业对企业文化喊声大、雨点小，你到企业去看，往往是挂在墙上的精神和理念”这种现象根本的原因是中国大部分企业还没有到建设企业文化的阶段，但是却开始了企业文化建设的步骤，结果只能是“文化墙上挂，行动地上爬”。就如我一开始讲的一样，企业需要把其他的管理做好，企业具备盈利能力的时候，才是谈论文化的时期，如果连这些都还不具备，就去谈企业文化建设，那么也就只好空谈。

企业文化管理是为了实现稳定的持续增长，没有企业文化建设，企业不可能实现持续性。换句话说，如果一个企业没有实现目标，应该是资源不够，或者没有找到寻找资源的方法和途径，这是计划管理的问题。企业没有效率一定是流程出了问题；员工不愿意承担责任，应该是组织中权力和责任的安排出了问题；而市场的竞争能力不够，一定是战略不清晰。以上这些问题的存在并不是企业文化的问题，不要把这些问题归结到企业文化上，我特别反对在管理实践中的两个观点：一个是解决不了问题归为文化，一个是实现不了目标归为环境和命运。这两个观点是非常错误的。企业文化并不解决所有问题，只是解决持续经营的问题。运用企业文化管理，目的就是要形成企业的共识，让员工和企业、顾客和企业达成共识，为持续发展奠定厚实的基础。

中国企业文化不是有没有真正热起来的问题，而是应该把企业文化热先放一放，回到企业管理的基本问题上来努力。企业的管理需要踏踏实实的基础，企业本身是一个实干的结果，任何务虚的东西在企业管理中都会被淘汰。

第八个问题：您有一个经典型的结论“中国理念，西方管理”，如何解读这句话？

西方标准是指做事的习惯，一丝不苟，遵照流程，不讲人情，完全符合标准，这些对于管理而言是非常好的。但是我们不能完全使用西方的理念，西方理念基于它自身的文化背景。譬如西方人比较强调个人能力的发挥，在西方人的认知里这是常识，但是中国理念更强调组织提供平台，西方文化是要自己创造平台，两者相差很远。所谓中国理念就是企业员工的文化背景是中国文化的背景，必须在这个背景下考虑管理模式的选择，不能超越这个背景来谈管理。譬如，中国文化中有一个很重要的准则是：不管怎样得让大家都过得去，就是面子。在管理中，本来你可以不关心很多东西的，但是在这个背景下你得关心。林语堂讲，对中国人来说，三个最重要的东西是面子、人情和权力。管理就得考虑这些东西。西方人都是说自己可以照顾自己，中国人强调必须照顾大家。在中国理念、西方标准上，海尔做得最好。海尔说公司是“海的文化”，这是中国理念；但它做事要“日清日毕”，用的是西方的标准。

中国理念、西方标准最关键的是从职能到流程的转变。中国的管理从行政机关到企业都是按职能设计的，先有职能，后有管理，先定有什么职能，再决定怎么做。但真正要做事，应该从流程走，而不是从职能的角度考虑。做成一件事要经过哪些步骤，通过步骤来分工，通过步骤得到资源，这才是对的，才符合管理的本质。张瑞敏讲，海尔的水平就是流程的水平。我非常同意这个观点。很多人讲海尔的服务、国际化、品质、设计，我认为海尔目前最强的竞争力在于它的流程，海尔的确是从顾客需求开始做流程，一件事要做成需经过哪些步骤，然后大家怎么做、怎么分工、怎么获得资源……中国理念、西方标准就是，以流程为基础，不能以职能为基础。一定要把以职能为基础的观念彻底破除掉，才能够理解我的这句话。

第九个问题：一个空降的经理人，如何融入该企业的固有文化？又如何影响该企业的文化？

空降的经理人如果是在一个企业文化基础非常好的企业，不存在大家是否相融的问题，如果理念上不能够认同，恐怕空降的经理人自己也不会到企业工作。我到六和集团出任总裁的时候，并没有感受到文化上的冲突，这也是我非常幸运的地方，因为有着共同的理念。所以，空降经理人是否顺利，取决于空降经理人与企业之间理念是否相同。如果空降经理人与企业一起努力获得市场的价值，就会取得异常的成功。任何一个经理人最重要的职业素养是理解企业价值并能够始终如一地交付这个价值，中国的企业做不久、做不好，其中一个关键的原因是经理人总是想构建和推行自己的价值，或者彻底改造企业的价值，这是非常错误的。企业自身的价值需要企业经理人去维护，经理人唯一需要做的就是保证企业的价值在你的管理行为中能够得到有效的沟通并达成共识。像沃尔玛、可口可乐这些企业，它们的一代又一代经理人是企业领袖，能让企业的价值观始终如一地交付下去。但这却是中国企业的一大问题，因为在中国，企业的新领导者一上台，就很想重新搞一套，每个领导人都是从零开始。如果企业总是从零开始，就无法累积属于自己的持久的核心能力。所以空降的经理人需要在价值取向上和企业价值保持一致，再在行动上传递企业的价值，这样就可以了。

企业文化与企业竞争力

从企业文化诞生的来源可以明确地知道，企业文化可以成为一种竞争优势，企业的竞争力特别是企业的核心竞争力的一个最重要的来源，是企业文化。兰德公司、麦肯锡和国际管理咨询公司的研究无不发现，凡业绩辉煌的企业，企业文化的作用都十分明显。此外，据 IBM 咨询公司对世界 500 强企业的调查表明，这些企业出类拔萃的关键是具有优秀的企业文化，它们令人瞩目的技术创新、体制创新和管理创新根植于其优秀而独特的企业文化。企业文化是它们位列 500 强而闻名于世的根本原因。

当观察世界上那些著名的长寿公司时，会发现它们都有一个共同特征：有一套坚持不懈的核心价值观，有其独特的、不断丰富和发展的优秀企业文化体系。今天，越来越多成功的企业，至少部分是，将其成功归功于高效的企业文化管理。例如，星巴克在过去的十年中从美国西雅图的仅仅两家零售店起步，已经成长为在全球拥有 2500 多家商店的咖啡公司。它把企业文化看作一个关键的成功因素，公司的价值观是："我们对待员工的方式影响员工对待顾客的方式，而顾客如何对待我们则决定了我们的成败。"这个信仰使得公司设计了大量的人力资源管理原则以提高员工被重视的感觉，包括使用期权和提供给那些每周工作 20 小时以上的员工丰富的津贴。仅仅看看身边的星巴克咖啡店，你就会发现它那裹在浓香的咖啡里的是浓情的企业文化。利用企业文化管理来获取竞争优势已经越来越成为共识。

企业文化真是竞争优势的来源吗

当我们用战略管理的视角关注企业核心竞争力时，有四个标准帮助企业判别哪些资源和能力是核心竞争力：①是否具有价值；②是否稀有；

③是否难以模仿；④是否不可替代。若用这四个标准来衡量，企业文化则最有可能是企业长期竞争优势的来源。

是否具有价值 企业文化有没有价值，首先要看它能否在企业获取市场的过程中做出贡献。过去20余年来，实业界人士和学者日益关注企业文化。令他们感兴趣的是：即使两个员工没有直接的外在联系，一些员工的行为也能影响其他员工的行为，在他们看来员工的行为则影响组织的长期运营绩效。

正如在之前的章节所论述的那样，企业文化对员工的行为具有极大的约束性。企业文化在一定程度上界定了人们的行为能力，具有不同文化背景的人，处于相同的环境中会有不同的反应；企业新进的员工也会调整自己的行为以适应周围的环境，这些都是企业文化对人们思想和行为约束的表现，而长期的约束则导致了人们行为的惯性。一个习惯，不管是好是坏，都会给人们以舒适感和熟悉感，长久以来形成的文化氛围和行为方式，让人们往往不自觉地拒绝新的、不同的行为方式，而坚持自己已经熟悉、习惯了的"传统"。这是好的企业文化之所以能长期起作用，而坏的企业文化具有长期破坏性作用的原因。

简而言之，企业文化影响员工的行为，而员工的行为则影响利益相关者的感受，对内导致了部门、个人之间的互动方式，对外则影响了企业商业活动互动的方式。这两种互动的方式会直接影响企业的效率和效益，从而对企业的经营业绩产生直接的影响。对于企业文化与经营绩效之间的这种假设，许多研究者也进行了实证研究。其中最为著名的是约翰·科特与詹姆斯·赫斯克特（1992年），两人在其专著《企业文化与经营业绩》中，总结了在1987～1991年期间对美国22个行业72家公司的企业文化和经营状况的深入研究，列举了强力型、策略合理型和灵活适应型三种类型的企业文化对公司长期经营业绩的影响，并用一些著名公司成功与失败的案例，得出以下结论：企业文化对企业长期经营业绩有着重大的作用。企业文化在下一个10年可能成为决定企业兴衰的关键因素。1998年我也进行了与科特相类似的研究，通过发放300份问卷调查了广东四家高科技企业，获得了很明确的结论：高科技企业经营业绩与企业文化之间存在着一种正比例的关系。无论从理论分析，还是从实证研究的结果看，我们都可以毫不迟疑地得到：企业文化对企业来说是一笔巨大的财富。

是否稀有 企业文化是在长期的经营活动中形成的，是对其成长环境、能力、经验的归纳与变革，伴随企业的历史而生。它不仅与企业所处的国家、地区、行业等有关，而且与企业的创建者、强有力的领导者以及所处的生命阶段有关。

公司最初的文化大都反映了那些富有远见的创建者的价值观、信仰、喜好以及习性等。如老沃森的影子在IBM比起他本人活得更久，从员工的着装到公司的管理体制，无不体现着沃森的思想，而且他有意识和系统地把那些在他任职期间曾经使IBM获得成功的价值观制度化。

对于那些具有强烈个性、魅力十足的继任者来说，企业往往是变革的试验田，在这里他们挥洒着智慧与远见，促使企业发生革新性的变化。TCL总裁李东生就是一例，在他的带领下，TCL创造了一个又一个辉煌业绩，从而也形成了TCL独特的合金文化。他认为TCL之所以能取得今日的成就，建立开放的企业文化体系是一个重要的因素。杰出的领导者对企业来说是不可多得的财富，他们对企业文化体系影响巨大。

处于不同生命周期的企业，会采用不同的控制系统，着重点不同，自然会带来不同的文化体系。一家初创的公司，创新的意识可能更强，而一家已经成熟的公司，强调的则是人们的做事方式，资源更多应用在控制系统上。创业者、继任者以及发展阶段都是具有历史特征的，是不可以重复的，在这些因素的影响下形成的企业文化对企业来说是非常宝贵和稀缺的。

是否难以模仿 企业文化从无形入手，它所倡导的价值观念、团体意识、行为规范和思维模式都是无形的，所关注的企业中的符号，如语言、规范、惯例和仪式，给人的感觉也是抓不住的。也因为此，许多企业文化理论者把这一特征描述成影响企业运作的无形的手。无形，就意味着难以学习与模仿。

近几年，阿里巴巴在国内做得比较成功，是一个以文化为特征的企业。众多企业去过阿里巴巴取经，这其中不乏大量网络企业。但浩浩荡荡的参观，回来后的结果却让人尴尬，企业依然保持原来的轨道运行，但阿里巴巴的东西就是学不到手，部分原因在于企业的执行力不够，更重要的是固有的企业文化在潜移默化起作用。这是无形的东西，无法模仿。

是否不可替代 所谓企业文化是指企业在长期的经营活动中形成的被全体成员普遍认可和遵循的具有本组织特色的价值观念、团体意识、行为规范和思维模式的总和。它不是实际的物质，而是以无形的形式存在于企业中。无形本身就是难以替代。

员工的行为是按照企业规范，通过与其他人的相互作用来满足其个人需要的过程。企业文化的持续性让生活在其中的个人心甘情愿地调整自己的行为以适应企业，直到将这些规范内化于心中，成为一种无意识的行为。从本质上说，这种规范也是无法用其他来替代的。

按照企业核心竞争力的四个衡量标准，企业文化无疑是企业核心竞争力的来源。

如何利用企业文化创建竞争优势

虽然企业文化是企业竞争优势的来源之一，但过去成功的因素并不代表未来的成功，甚至这些曾经成功的因素会变成未来成功的绊脚石。因此，管理者一定要关注企业文化的保持与更新，不断创造新的竞争优势。

每个企业都会有企业文化，但这些自然形成的企业文化大多对企业经营没有明显的作用，有的甚至限制和影响着企业发展。主动的导入和塑造才能形成一个深具企业个性和竞争力的企业文化，这样的企业文化才能对企业经营产生积极的影响。

企业文化变革是一项全面而系统的工作。文化问题不会自行得到解决，仅仅实施零星的努力，并不足以支持一个全面、长久的文化变革。文化变革需要时间、耐心和不懈的努力。大量的研究说明，一家企业要真正实现从旧文化向新文化的转变需要5～10年的时间。通用电气公司前总裁杰克·韦尔奇实施的文化变革工程历经12年，IBM的郭士纳也花费了5年时间才将旧有的文化体系打破，建立起新的IBM文化。文化变革不仅历时长久，而且需要一个系统的步骤，见图9-2。

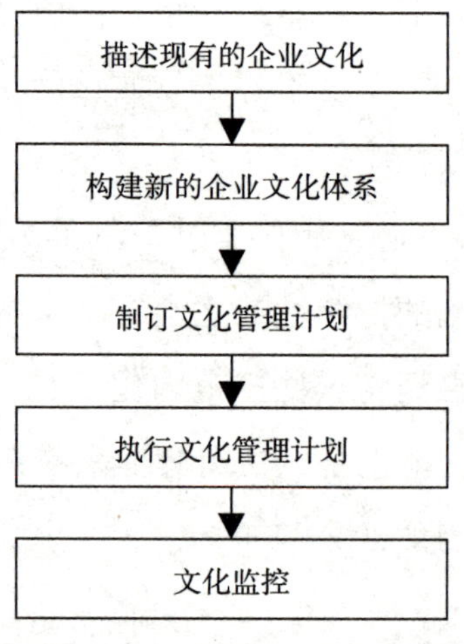

图9-2　企业文化变革流程

描述现有的企业文化

首先必须培养一种意识，意识到文化是如何影响自己的行为，别人对这些行为又是如何接受和反应的。这意味着要学习一些陈规，然后再超越它们。其实这也告诉我们，文化变革必须在你了解这个组织的文化背景下进行，盲目地进行文化变革有时候甚至会把自己“杀掉”。所以，进行企业文化变革的第一步就是了解你现有的文化体系。

无论是聘请外部专业咨询人士来辅助公司进行企业文化变革，还是公司自身进行文化变革，首先要做的都是深入细致了解企业文化的现状。要真正地对企业文化的现状有一个客观的认知，必须进行艰辛的调查工作才能获得大量真实的第一手资料。为此，需要对公司的文化现状进行公司的内外部调查。

公司内部调查需要做三个层次的工作：①对高层管理人员进行个别访谈，有针对性地了解各企业的经营现状与发展思路；②与中层管理人员进行座谈，目的主要是为了掌握集团各企业的基本情况及存在的问题；③对各企业的一线员工进行问卷调查，站在员工的角度而不是管理者的角度对企业的现状和员工对企业的认知进行客观的调查。

公司外部调查也分为三类：①客户或顾客问卷调查；②政府问卷调查；③社区居民问卷调查。进行外部问卷调查的目的主要是明了外部对公司文化个性的认知，为下一步的努力做准备。

一旦调查结束，就进入了对调查资料的整理与分析阶段。在调查资料的基础上，执行小组应该本着实事求是的原则，对记录加以归纳、分析、总结，得出访谈和问卷的分析报告。在分析报告中应该将客观的意见列出，包括正面和反面的意见；然后对各种表面现象的深层次的成因进行分析。在这个阶段，对企业内部文化的分析可借用的企业文化工具是Gerry Jonson和Kevan Scholes在1993年提出的“企业文化网”，借助它可以了解信仰和设想与组织的习惯、标识以及结构相联系的控制方式。

构建新的企业文化体系

在对企业文化现状认知的基础上，根据外部环境的要求，构建新的企业文化体系。

这一阶段，许多企业经常出错。每个企业都有自身的目标，支撑这些目标的实现需要环境的支持，但很多企业对两者的联系却没有给予足够的关注。他们仅仅从环境的要求出发，制定了一些漂亮、时兴但与自身不适应的价值观体系，结果价值观成了摆设，人们仅仅记住了这些口号与标语，实际工作中却依然如故。在日常的生活中，对于那些“我们赖以生存的价值观”的口号，员工们甚至采取一种嘲笑的态度。

构建新的企业文化体系时一定要与企业战略、企业环境相匹配。

制订文化管理计划

文化变革应该是一种事先做出的考虑成熟、计划周密的努力，而不是当问题发生时作为补救措施的些许努力或权宜之计。管理者必须预计和考虑现有制度中哪怕是一个微小的变化将会如何影响企业的其他方面。一旦决定进行企业文化变革，就要制订一个标准的变革计划，从而规范和指导变革中人们的行为。同时，变革模式的选择、变革应该牵涉到哪些部门、变革的阶段与进度、变革中的计划人员和执行人员安排等都会在计划中明白地列出，以保证整个工程的连贯性，同时也让企业明了变革所到达的阶段。由于文化具有阻碍变革的天然倾向，在制订变革计划的过程中，管理者一定要清楚哪些是支持变革的文化因素，哪些是阻碍因素。

执行文化管理计划

新系统的实施给企业文化变革带来了新生力量，而文化的形成需要强有力的灌输。仅仅制定一些标语和口号，在企业各种场合甚至员工的 T 恤衫上贴上这些空洞的口号，并不能让企业的文化真正发生改变。想要变革成功，必须付出艰辛的文化方面的努力。

执行文化管理计划之所以如此困难，原因在于：①仅规模本身就是问题所在，尤其是那些规模比较大的企业，让成千上万的人共享同一个价值观、标准是一项艰巨的工作；②许多企业并不是首次进行文化变革，员工们可能已经参与了太多没有系统规划的文化变革活动，对于不断变化的文化体系，他们已经疲于去改变；③信仰、价值观是非常难以改变的，而这些又是变革企业文化时必须改变的。正是这三点原因，占用了企业的大量资源，尤其是时间资源。

除了配合新企业文化的一系列推广活动外，企业还要知道文化变革是一个全员参与的工程。虽然决策在于领导，但执行和巩固却在于全体员工，因此一定要注意员工行为和观念上的更新，这就需要系统的培训，包括企业文化理念培训、员工行为培训等。培训的目的是让员工尽可能地对新的企业文化系统有一个明确的认识，最终达到心理上的认同和行为上的一致。

文化监控

正因为改变文化如此困难，所以必须对变革后的文化加以保持和巩固，文化的回归性和惯性有时会破坏掉先前所做出的努力。很多企业都有过以下类似的经历：下定决心改变并制订了完善的变革计划，可是不久就发现兜了一个圈又回到了原点。企业不仅没有变得更好，反而不如从前。

某工厂的生产部经理，在任职的两年里对生产流程进行了重大变革，使产量和生产率都得以提高，这一成就使得他提拔到另外一个工厂工作。但在他离开原岗位 6 个月之后，生产部门放弃了经他改进的所有流程，重新按照老办法生产，结果当然是产量和生产率都下降了。这个案例说明，文化的回归力是如此巨大，它让人们不自觉地拒绝新的行为方式，而沿用习惯了的行为方式。

新企业文化系统的实施需要领导和员工改变现有的工作方式、程序、习惯和传统，而企业文化的转变不仅缓慢而且具有回归性，因此，对新文化进行监控和追踪以确保它继续发挥作用并获得预期的成果是至关重要的。整个监控工作可以由一个专门的管理团队负责，也可以动员全体员工互相监督。

构建有竞争力文化过程中的关注点

文化管理团队的组建

文化管理团队的职责是设计、监督和推进企业文化的变革，在变革中提供资金和其他资源的分配。团队的领导由企业中的高层管理人员担任，变革任务的复杂性、太多精力的投入以及承担的巨大责任使领导这个职位不能是“兼职”，而应该是全职工作。任务的复杂性要求团队领导知识丰富、拥有良好的人际技巧和冲突管理能力；团队领导还要是一个精力活跃、在压力下能应付自如、对企业忠诚的人；在巨大责任压肩的情况下，领导还要具有有效地把战略意图转变成行动的能力以及敢于承担责任的勇气。当然，团队领导要有文化上的敏感性，能探测到那些难以发现的隐藏的信息。

团队成员可以由企业的高层管理人员、资深管理人员和外界专家组成。在吸收团队成员的时候，一定要注意集合企业中不同部门的人员，以形成一个具有发散性思维的团队，通过不同思想、观念，不同处理和评判信息的方式之间的相互碰撞，对事物从各种可能的角度给出答案，从而提高整个管理团队的创新能力。文化管理团队的工作效率决定了整个变革的成效，因此企业在进行文化变革的时候，一定要注意管理团队成员的挑选。

关注员工的心理感受

新的文化体系冲击的是人们脑海中沿袭已久但不符合新的管理规律的观念、思想、作风和习惯，由于人们的思维存在惯性，要让这一切发生改变接受新事物是一个较长的过程。而且，由于需要改变，一些员工不能很快地在新的文化体系下生活，在工作中可能会出现很多差错。伴随着怨言的增多，实施过程中的问题被无形地放大了。

由于新的文化体系需要员工改变已经习惯的生活方式，会让员工在心理上产生焦虑的情绪。新形势的不确定性和对未来的担心会削弱人们的努力程度。在员工能有效地在企业工作前，他们想知道自己在其中的位置，直到他们感觉到确实安全，他们才可能去专心工作。然而，变革对员工的影响一直都被高层管理人员所低估，从而在与员工沟通方面做出的努力不够。

文化变革的消息一宣布，人们就期望有所改变，并做好了准备接受它。但若变革迟迟没有发生，他们就会失去开始时的激情，开始关注自身的问题，这样就为下一步的工作实施带来了困难。因此，在整个工程期间，顺畅的沟通是非常必要的。企业制定的相关的文件、方针应尽快将之公告，同时确保所有的员工都获得了这些公开信息，这需要管理团队充分利用每个沟通渠道来始终如一地传递一致的信息。大多数企业可能都有过类似的经历：即使消息已经通过不同的渠道在不同的时间传达下去了，但员工好像根本就没有得到这些信息。这充分证明了在充满焦虑的环境中，人们的信息接收是有选择性的。这要求管理团队与企业高层和公共关系部门合作，有耐心地去传递信息以缓解员工的心理压力。

领导一定要身体力行

企业文化是旗手文化，可以说有什么样的领导，就有什么样的企业文化。所谓兵随将转，身随头动，从“头”做起道出了领导在企业中的角色和责任。仅仅将企业文化变革的事宜交给一个部门如人力资源部门，而领导不过问，是注定要失败的。

在华为的企业文化建设中，领导的行为确实带动了整个企业文化的构建。在华为创业初期，工作紧张而繁忙，许多人吃在公司、睡在公司，几乎每个华为人都有一张床垫。公司内广为流传的一个故事是：当时的西城工厂还在装修，一家外协厂来送货，正值中午休息，送货的业务员就地找了张泡沫板在地上睡了一觉。醒来后发现身边多躺了一个人，打完招呼一看，原来是华为的任正非总裁。任总的这种身体力行，让华为真正形成了一种拼搏、奋发的文化氛围。

领导一定要在整个变革过程中负起全责。他们的行为是员工的表率，领导们之间不仅要首先突破落后思想的束缚，明确认识，采取一致的行动，而且要给予有关人员（内部实施人员和外部咨询伙伴）强有力的支持，坚持在整个过程中负起全责，积极参与并推动企业文化的变革。

企业文化的力量只有在回顾的时候才会被更深地意识到，而此时，企业文化往往是作为失败的借口被摆上台面。企业文化不应该被如此理解，而是应该被人们重视起来，应该利用它的特性帮助企业构建新的竞争优势。正如企业文化理论的兴起来源于美国商界解释日本竞争优势的尝试，最后人们认定企业文化是这些日本企业取胜的秘密武器一样，企业也可以通过文化重塑来获取市场地位。

购并中企业文化整合的六原则

并购是企业获取资源、能力或市场的有效途径，通过并购，企业可以构建新的核心竞争力或增强现有的核心竞争力。然而大量的实证研究表明，对于那些并购后需要整合的企业来说，并购的成功率并不高。据统计，在全球范围内，企业并购的成功率只有43%左右，在那些失败的并购案例中，80%以上直接或间接起因于并购后的企业文化整合的失败。纵观众多的并购失败，有可能是市场机制、目标选择错误、费用过高等一系列因素造成的，但其中最重要的是，许多企业只是把并购作为一个目的，并购结束后没有进行有效的整合，从而导致了企业最终经营的失败。在诸多整合事项之中，企业文化的整合尤为重要。

企业文化整合是其他整合的基础。Hapeslagh 在 1990 年通过案例研究发现：企业文化整合是运营整合的基础，做得好可以帮助运营整合的顺利实现；做得不好，人与人、组织与组织之间的冲突和抑制会严重阻碍运营整合。

双方企业文化的冲突造成了整合的困难。文化不是一种个体特征，而是许多人共有的心理程序，它就像我们周围的空气，摸不着看不见。在正常的经营活动中，人们可能感觉不到它的存在，甚至忽视它的存在，而一旦并购发生并对目标企业的文化产生威胁，人们立即就想起了它，意识到它的存在，从而产生一种对自身企业文化的强烈认同感。为了保护自己的文化，员工们往往产生一种抵制的心态来反击文化的入侵，从而直接导致了文化的冲突。Ira Smolowitz 和 Clay-ton Hillyer 在 1996 年通过对《财富》500 强中的 45 家公司研究后得出：高级管理人员认为 10 个导致兼并后失败的因素中，不相容的企业文化排在首位。而默瑟管理咨询公司（Mercer MC）在 1995 年的研究中指出，兼并后失败的五个原因中就包含了企业文化冲突。

虽然企业文化整合困难重重，但企业文化却对企业的长期经营业绩产生重要的影响，由于非正式制度形式的企业文化能从价值观、经营理念和行为准则上潜移默化地影响企业的控制权与经营业绩，因此，如何让两个具有不同文化特质的企业产生“1+1>2”的协同效应，让并购企业建立一种更加具有生命力和市场竞争力的新的企业文化体系，成为企业文化整合的出发点。

为了让并购后的企业文化整合更加顺畅，提高整合的成功率，以下六项原则可为企业的文化整合提供指导性的意见。

第一个原则，并购前进行目标企业的文化评估

成功的企业文化整合需要并购前评估并购双方文化方面的匹配性，从而判断双方能否容易地融合在一起。所谓“知己知彼，百战不殆”的方法

在并购中同样适用。知己要求并购方剖析自己的文化，找出优点和缺点；知彼要求并购方要对对方企业的各要素有系统的了解，然后对比双方的文化特点，找出异同，发现可能产生冲突的方面，进行总体思考，寻找解决方法。并购前的企业文化评估的目的有两个：①是否继续进行并购？②如果进行并购，可能的问题点在哪儿？

擅长于使并购后运转良好的企业，往往一开始就有清晰的思路，从解决最棘手的文化问题入手，仔细研究以做出下一步决策。通用电气公司在1993～1998年期间成功并购了100多家企业，它认为成功并购的第一步是考虑双方文化上的兼容性。公司广为流传的一个故事是：通用电气的两名高层主管在与英国一家仪器设备公司的首席执行官和首席财务官共进午餐的时候，感觉到两家公司在管理风格和价值观上存在着巨大的差异。于是，他们仔细考评了目标公司的企业文化体系，结果发现，如果继续并购，后期的整合工作将是非常艰巨的。尽管并购后可能获得非常好的财务协同效应，但通用电气公司却毅然放弃了这桩交易。可以通过双方各部门人员的初步接触和交流，对对方的经营模式、行为方式以及员工的思维反应方式进行全面的认识，从而为增进共识、熨平差异打下良好的基础。

第二个原则，制订一个确切的整合计划

整合计划是一个纲要性文件，一旦决定进行并购，企业就要制订一个标准的整合计划，从而规范和指导并购中人们的行为。有经验的买方一般都会有一个比较完善的整合计划作为下一步行动的依据。整合模式的选择、整合应该牵涉到哪些部门、整合的阶段与进度、整合中的计划人员和执行人员安排等都会在计划中明白地列出，以保证并购整合的连贯性，同时也让企业明了整合所到达的阶段。对于刚开始并购的企业来讲，可能没有一套固定的程序供参考，这时企业高层管理人员和整合团队的成员应该一起商讨，制订一个整合计划。企业在不断的实践与学习中，如果有必要

就可以对计划进行修改，以方便后来的并购整合。

第三个原则，组建一个整合管理团队

整合管理团队的职责是：监督和推进企业文化的整合，在整合中提供资金和其他资源的分配。并购中的日常决策由团队做出，在整合流程的执行中提供指导和建议。

整合团队的领导由企业中的高层管理人员担任，整合团队的成员可以由企业的高层管理人员、资深管理人员和外界专家组成，但团队成员中一定要有人力资源部门的最高主管。通常情况下，衡量一个企业对整合付出努力程度的显性指标是：①人力资源部门经理是不是整合管理团队的成员之一；②其参与整合管理团队的早晚，很多并购中人力资源部门经理在整个并购流程中参与时间都比较晚，直到牵涉到员工利益和权利时才进入团队，这样一来，整合的速度就会变慢，研究表明，整合速度缓慢是整合失败的主要原因之一；③其对整合计划的制订是否做出了贡献，相比于那些低估文化整合的企业，成功的企业甚至在有并购意向前就开始准备并购的过渡问题，人力资源经理参加早期规划并从人力资源的角度提供重要的参考意见。

第四个原则，不要低估并购对员工的影响

经历过并购的企业，开始几个月生产率一般都会下降，原因之一在于员工面临心理上的震惊，新形势的不确定性和对未来的担心、焦虑削弱了人们的努力程度。在员工能有效地在被并购公司工作前，他们想知道自己在其中的位置，直到感觉确实安全，他们才可能专心地工作。然而，并购对员工的巨大影响一直都被高层管理人员低估，从而在与员工沟通方面做出的努力不够。

通过充分的沟通可以有效地缓解并购给员工所带来的压力，其原因和

具体的解决方案在“关注员工的心理感受”小节已有介绍。

第五个原则，分阶段进行企业文化的整合

仅仅制定一些标语和口号，在企业各种场合甚至员工的T恤衫上贴上这些空洞的口号，并不能让企业文化真正的发生改变。想要整合成功，必须付出艰辛的努力。并购方不仅要确定与企业战略相适应的企业文化体系，还要把新的企业文化体系贯彻到目标企业中。相应地，企业文化整合也就分成了两个阶段。

第一阶段，确定与企业战略相适应的企业文化体系。每个企业都有自身的目标，支撑这些目标的实现需要环境的支持，但很多企业对两者的联系却没有给予足够的关注。他们仅仅从环境的要求出发，制定了一些漂亮、时兴但与自身不适应的价值观体系，结果价值观成了摆设，人们仅仅记住了这些口号与标语，实际工作中却依然如故。在日常的生活中，对于那些“我们赖以生存的价值观”的口号，员工们甚至采取一种嘲笑的态度。因此，如何创造一个与企业战略相适应的价值观体系成了整合团队的一项重要任务。

第二阶段是把新文化贯彻到目标企业中，其困难的原因在于：①仅规模本身就是问题所在，尤其是那些规模比较大的并购，让成千上万的人共享同一个价值观、标准是一项艰巨的工作；②许多目标企业并不是首次被并购，员工可能已经参与了一系列的并购，对于不断变化的文化体系，他们已经疲于改变；③信仰、价值观是非常难以改变的，而这些又是整合企业文化时必须改变的。正是这三点原因，占用了企业的大量资源，尤其是时间资源，从而使企业不知不觉地开始聚焦于内部事物，而远离了顾客与竞争。总之，不管并购后可能存在多么大的财务和战略协同效应，如果没有将双方企业文化进行有效的整合，成功也只是一个未知数。

第六个原则，企业文化整合的速度要快

大量的实证研究表明，整合进程的缓慢是并购失败的主要原因。如 Coopers & Lybrand 公司在 1996 年通过对 125 家并购公司的研究表明，导致并购失败率高达 66% 的主要原因是整合的进程缓慢。

快速整合的原因是显而易见的。麦肯锡公司在 1987 年通过对 116 家公司的并购进行了研究，其研究报告中列举了如下设想案例。假如一个收购公司以年利率 13% 进行贷款用以支付 6000 万美元的收购溢价，被收购公司的经济价值为 2 亿美元，那么该公司第一年仅需要 6000 万美元的增量现金流来补偿收购溢价，而在第三年则需要 8700 万美元，这 2700 万美元就是未能迅速完成并购整合的代价。

历经 12 年终于将企业文化变革成功的通用电气公司前总裁杰克·韦尔奇曾说过，如果让他重新进行一次企业文化的变革，他将会加快这个进程。当然，企业文化整合的进度不能以年来计算，但其道理与企业文化的变革是一样的，应该尽量缩短整合的时间跨度。

整合只是开始，企业同时也要关注文化整合后的发展。在企业的运营中，一定要时刻注意差异和矛盾，因为有些深层的原因或理论可行实际效果差的方法会在实践过程中逐步显露出来。这时要加大双方沟通力度，顺利解决问题，使企业文化在实践中得以进一步的完善和拓展。

无论如何准备和努力，两种不同的文化相遇时都会产生一定的冲突，作为并购双方，都应该正视这种冲突，共同寻找解决方法，以求未来的长远发展。文化，以其无形的力量影响着人们的思想和行动，所以应该充分利用它来为企业服务，而不是成为企业前进道路上的绊脚石。企业只有学会了去包容、去融合、去吸收、去放弃各种文化，才能得以长远地发展。随着中国市场并购环境越来越完善，中国企业家越来越成熟，再加上充分吸收国外成功并购的经验，中国企业在并购中文化整合的成功率一定会有很大的提高。

企业执行文化的构建

据统计资料显示，中国民营企业的平均寿命只有 3 年 8 个月，为什么会是这样？主要原因有三个方面：首先是发展乏力，缺乏后劲；其次是在市场上疲于奔命，竞争力不够；最后则是危机管理问题，企业的抗经营风险能力差。以上三方面表明，我国的民营企业必须自我反省，从内部管理改革入手，改变企业现有的制度和文化，才能摆脱目前所面临的发展困境。很多时候可以看到，中国企业在资源、市场机会、资金获取以及人力资源上，已经有了一定的基础，但为什么还是处在如此脆弱的境地？而上述三个方面的表现究其背后的原因就是两个：其一是战略不清晰、不明确；其二是执行力不够、效率低下。如果再继续深究下去，执行力不够、效率低下就是这个企业的文化出了问题，也就是没有形成执行文化的习惯。因此，如何塑造企业内部的执行文化，成为民营企业摆脱困境、开始新一轮竞争的重要参考力量。

执行文化的内涵

我们先来明确一下执行的含义，之后再看看如何理解执行文化的内涵。关于什么是执行有着各式各样的说法，其中最常见的解释是：执行是企业各项政策措施的具体落实过程。但是这种解释忽略了执行与决策的互动关系，认为执行只是对决策的被动实施，而没有考虑到执行所具有的能动作用。正如拉里·博西迪与拉姆·查兰合著的《执行》⊖一书中所指出的那样："思考并不能使我们养成一种新的实践方式，而具体的实践却可以帮助我们形成一种新的思维方式。"企业在制定决策时必须考虑到自身所具有的或经过发展可以达到的执行能力有多大，否则这样的决策结果不是没有充分发挥企业现有资源和能力的作用，就是超出了企业的资源能力

⊖ 此书中文版已由机械工业出版社出版。

范围，成为对企业发展无益甚至是有重大危害的决策。因此，执行是渗透在企业各种活动中的重要因素，它决定了企业所能达成的决策目标和实际完成程度。

鉴于执行对企业所起的重要作用，如何将其融入企业的经营理念当中，就有着非常重大的现实意义。企业要想摆脱其生命周期短暂的命运，就必须在企业内部树立起一种切实有效的执行文化。执行文化作为企业文化的组成部分可以将其概括为企业所具有的执行观念、实施态度和行动方式。

执行文化作为企业的一种执行观念、实施态度和行为方式，对企业所起的重要作用具体体现在以下三个方面：第一，企业内部一种良好的执行文化可以将企业的战略制定、运营计划与人员设置三大基本流程衔接起来。它帮助企业在建立正确合理的战略目标的基础上，通过将适当的执行人员安排在合适的工作岗位上，开展具体的运营活动。第二，执行文化能够为企业带来一种团队协作的理想工作氛围。战略计划的合理制订、运营流程的具体设计以及执行人员的合理配置，只有依靠领导的团结和各部门的积极配合才能完成。在对这三个流程的具体执行过程当中，可以进一步加强团队成员的向心力和凝聚力。第三，在前面两个作用的基础上，执行文化可以提升企业的盈利水平，加快企业的快速反应能力，强化企业的运作管理，最终在企业内部建立起一种高绩效的企业文化，这种高绩效的企业文化可以克服中国企业生命周期短的顽症，实现企业的永续经营。

执行文化与企业的生命周期

借助于美国学者伊查克·麦迪恩提出的企业生命周期理论，结合中国企业的实际情况，可以将中国企业的生命周期划分为四个阶段：创业期、成长期、成熟期和消亡期。在生命周期的不同阶段，企业会有不同的行为和特征，执行文化在不同阶段的变化也呈现出来某种钟形特征，如图 9-3 所示。

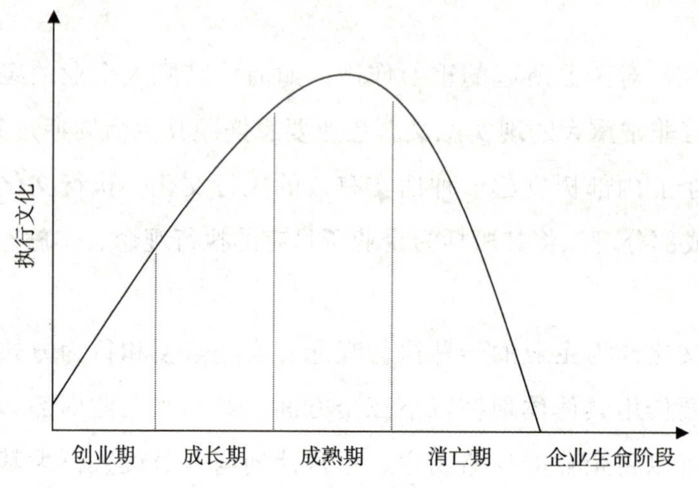

图 9-3　执行文化在企业生命周期中的演变过程

创业期，迫于生存压力，整个企业以行动为导向。此时由于企业尚未形成对执行的正确理解，企业形象和文化的塑造更无从谈起，因此，在创业阶段的企业，其执行文化只是处于一种萌芽状态。

成长期，企业摆脱了生存困境，资金开始充裕起来，创业者在具备一定创业经验的基础上，开始注重企业的自我形象塑造。同时，由于握有大量的现金，企业开始寻求更好的投资空间和发展机会。在资金充裕与关注形象的双重影响下，企业内部的执行文化开始显现上升趋势。

成熟期，企业资金充足、流动合理，内部的各项管理也比较规范，有足够的执行力度来完成企业的各项目标，而且也已在社会上赢得了一定的声誉。为了使企业能够持续经营下去，企业对于企业文化的建设工作非常重视，执行文化也因此上升到了钟形曲线的最高点。

消亡期，企业的资金迅速流失，管理体制逐渐僵化，信息传递层级增多。在此情况下，企业的各项任务不能有效地完成，整个企业甚至还会为了计划而计划，从一开始就没有将其执行下去的念头。企业文化在此时也是形同虚设，变成一纸空文，执行文化在企业内部开始呈迅速下降趋势。

根据执行文化在企业内部变化的钟形曲线图，以及中国企业容易在成长阶段出现危机的现实状况，我们将执行文化的塑造工作重点放在了企业的第二生命周期阶段，即成长阶段来加以讨论。

执行文化的塑造

鉴于执行文化对于企业成长和发展的重要作用，以及其自身在企业内部发展的钟形变化曲线，如果想在企业内部成功地营造一种真正的执行文化，就必须满足下面的执行文化构造关系图，如图 9-4 所示。

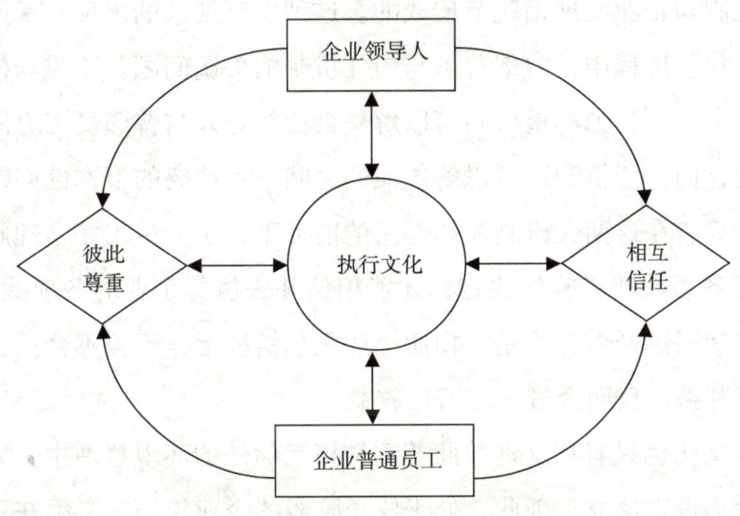

图 9-4　执行文化构造关系图

在图 9-4 中，企业领导人是执行文化塑造工程的核心。执行文化作为企业文化的一部分，同样满足执行文化是旗手文化这一定律。执行文化只有在企业高层领导的重视和带动下，通过他们的以身作则和大力推行，才能真正成为企业所有员工的行为指南，才能最终变成企业内部的一种活的灵魂。

企业内部的所有员工则是真正实施执行文化塑造工程的人，也是执行文化塑造工程最终希望改变的对象。这种双重关系决定了企业内部的所有员工都是执行文化塑造工程工作的重心。执行文化要想在企业中得以成功构建，就必须使得所有员工养成执行的行为习惯。在此过程中，员工要学会怎样与其他团队成员进行合作，怎样快速高效地完成工作任务，以及如何将实施和决策结合起来的工作技巧。这种行为习惯的改变最终会带来所有员工执行意识的改变，从而为企业执行文化的塑造奠定坚实的基础。

将企业领导人与普通员工紧密连接在一起的纽带就是彼此尊重和相互信任的企业机制。从中国企业的实践可知，大部分企业出现成长困境，是由管理控制与企业发展相脱节造成的。这种脱节现象的出现，暴露出了民营企业在成长过程中，内部尊重与信任机制的失调问题。尊重与信任机制之所以重要，是因为尊重机制可以解决企业领导人与普通员工之间的相互理解问题，而信任机制则可以解决他们之间产生冲突的根本性问题——利益关系。只有在这两大机制发挥作用的前提下，企业员工才会理解和支持企业高层各项战略措施的决定，才能相信并去执行企业的各项战略决策，因为他们知道这样做无论是从物质上还是从精神上，不但不会损害他们的个人既得利益，反而会进一步增加收益。

执行文化也只有在这种彼此尊重和相互信任的环境氛围中，才能真正在企业内部得以建立。因此，处于成长阶段的企业领导人必须在尊重员工的基础上，广泛听取各方面的意见，通过自己的实际行动来证明企业确实是一个对员工负责的企业。在具体的构建过程中，企业领导人还必须坚持利益共享的原则，将企业员工的根本利益与企业的整体效益联系在一起，通过对员工进行执行方面的充分授权等，使员工深切感受到执行文化在企业的重要性和必要性，从而自觉改变自己的做事方式等行为，并最终将其内化为执行意识。

建立员工忠诚的秘诀

员工如何与企业构建一种信任、持久的关系是企业文化需要面对的问题，同时获得员工对于企业的忠诚度，也是构建企业文化时渴望得到的效果。相对于过去的情况而言，今天的员工管理会有更多的挑战性，一方面来源于因全球化所带来的价值多元化，另一方面来源于员工自身对于自我意识的强化，以往那份献身精神早已荡然无存。

但是，有一家企业在凝聚员工、发挥员工作用方面却做出了自己的特色，这家企业就是华为。华为是一个巨大的集体，目前有员工 12.2 万余人，其中市场人员占 33%，而且素质非常高，85% 以上都是名牌大学本科以上毕业生。华为取得的业绩是骄人的，在中国企业史上可谓是一个独一无二的例子。华为需要依赖一种精神把这样的一个巨大而高素质的团队团结起来，使企业充满活力。华为找到的因素就是团队精神。

华为团队精神的核心就是互助。华为非常“崇尚”狼，而狼有三种特性：其一，有良好的嗅觉；其二，反应敏捷；其三，发现猎物集体攻击。华为认为，狼是企业学习的榜样。

现代社会把员工的团队合作精神问题留给了企业，企业只有解决好了才能获得生存、发展的机会。“胜则举杯相庆，败则拼死相救”是华为团队精神的体现。在华为，对这种团队精神的训练无时无刻不在，一向低调的华为时时刻刻把内部员工的神经绷紧。从《华为的冬天》到《华为的红旗还能打多久》无不流露出华为的忧患意识，而对未来的担忧就要求团队团结、再团结。华为人认为只有这样，才能找到冬天的棉袄。

华为的管理模式是矩阵式管理模式，矩阵式管理要求企业内部的各个职能部门相互配合，通过互助网络，对任何问题都能做出迅速的反应，不然就会暴露出矩阵式管理最大的弱点：多头管理、职责不清。华为销售人员在相互配合方面效率之高让客户惊叹，让对手心寒，因为华为从签合同到实际供货最多只要四天的时间。

华为接待客户的能力更是让一家国际知名的日本电子企业领袖在参观华为后震惊，认为华为的接待水平是世界一流的。华为的客户关系在华为被总结为“一五一工程”——一支队伍、五个手段、一个资料库，其中五个手段是“参观公司、参观样板店、现场会、技术交流、管理和经营研究”。对客户的服务在华为是一个系统，几乎所有部门都会参与进来，假设没有团队精神，无法想象一个完整的客户服务流程能够顺利完成。

狼性是华为营销团队的精神，这种精神是很抽象的，而且也很容易扭曲，这就需要有一种保障机制，使得狼性可以保留，这种保障机制就是华为的企业文化。企业文化是华为之所以为华为的不可缺少的东西。华为的企业文化可以用这样的几个词语来概括：团结、奉献、学习、创新、获益与公平。华为的企业文化还有一个特点就是做实。企业文化在华为不单单是口号，而且是实际的行动。

团结 任正非在《致新员工书》中写道：“华为的企业文化是建立在国家优良传统文化基础上的企业文化，这个企业文化黏合全体员工团结合作、走群体奋斗的道路。有了这个平台，你的聪明才智方能很好发挥，并有所成就。没有责任心，不善于合作，不能群体奋斗的人，等于丧失了在华为进步的机会。”华为非常厌恶的是个人英雄主义，主张的是团队作战。

奉献 奉献可以分为若干个层次，第一层次是为华为人奉献自己的价值，使自己的团队更加卓越。为员工提供良好的发展前途，在本土企业中无出其右。第二层次是为自己的客户奉献价值，一方面通过自己的产品为客户创造价值；另一方面，华为的营销手段已经超越了大多数企业的吃喝玩乐拿模式，而采用了“营销 + 咨询”的模式，为客户提供电信运营解决方案。第三层次是要为整个社会、整个社区奉献华为的价值。实现这个价值华为主要通过两个方面来进行，一个是生产出优质的产品，另一个是设立各种回报社会的基金，如寒门学子奖学金等。

学习　在通信行业，技术更新速度之快、竞争之激烈是其他行业不能比拟的。要是华为学习能力不强，就一定会被淘汰。而对于学习，华为也有自己的观点："世上有许多'欲速则不达'的案例，希望你丢掉速成的幻想，学习日本人踏踏实实、德国人一丝不苟的敬业精神。现实生活中能精通某一项技术是十分难的：你想提高效益、待遇，只有把精力集中在一个有限的工作面上，不然就很难熟能生巧。你什么都想会、什么都想做，就意味着什么都不精通。做任何一件事你都是一个学习和提高的机会，都不是多余的。努力钻进去，兴趣自然在，我们要造就一批业精于勤、行成于思，有真正动手能力和管理能力的干部，机遇偏爱踏踏实实的工作者。"华为经过 20 多年的发展，基本成为一个学习型组织。作为一名合格的华为营销人，必须具备诸方面的知识，比如产品知识、专业知识、营销理论知识、销售技能技巧知识、沟通知识等。而对于任何一个人来说，这些知识不可能是先天具备的，这就要求华为员工必须具备良好的学习能力，而且还要养成学习的习惯。

创新　华为公司推崇创新。20 多年来，华为对创新孜孜追求，也形成了自己的观点：其一，不创新是华为最大的风险。这个观点是对创新的肯定，因为华为的研发能力与国外同行相比差距很大，所以华为必须创新。其二，华为创新的动力来自于客户的需求和竞争对手的优秀，同时也来自于华为内部员工的奋斗。这个观点解决了华为创新动力的来源问题，为华为找到了开启创新之门的钥匙。其三，创新的内容主要在技术和管理上，目前后者是关键。这个观点回答了华为要在什么地方创新。其四，在创新的方式上，主张有重点，集中力量，各个击破；主张团队作战，不赞成个人英雄主义。这个观点解决了华为的创新方式，集中了华为的有限力量，为确保华为创新的成功提供了方法保障。

获益与公平 获益是华为文化的核心和基础。任正非说："华为企业文化的一个贡献是要建立一个公平、合理的价值评价体系与分配体系。"获益的含义是，对于为华为奉献的员工，华为会给予回报。拿任正非的话来讲就是，"我们崇尚雷锋、焦裕禄精神，并在公司的价值评价及价值分配体系中体现，绝不让'雷锋们''焦裕禄们'吃亏，奉献者定当得到合理的回报。"华为绝对相信重奖之下必有勇夫，华为的工资水平在深圳是最高的，在全国的同行也是最高的，因为华为相信高工资是最大的激励。

员工的忠诚度就是员工为企业获得发展所贡献的全部能力。华为的管理实践表明，员工的忠诚度是可以培养出来的，通过持续分析这些类似于华为一样在市场上获得成功的企业的经验，可以总结出建立具有敬业精神的忠诚员工队伍的 5 大秘诀。

设立更高的目标和期望

一个真正吸引人的公司应该是一个不断挑战自我的公司，当公司能够超越行业标准、引领行业变化的时候，是可以吸引并激发优秀人才的斗志并获得优秀人才的信任的，因为真正优秀的人才喜爱迎接挑战。留住人才的关键是，不断提高要求，为他们提供新的成功机会。

我曾经有机会和美的集团的经理人一起工作，这是一个被业界称道的团队，他们不断地创造令人惊喜的业绩，并在同行中做出非常多的创新。这些优秀的经理人都在美的集团工作超过 10 年以上，并见证了美的从十几个亿发展到 1000 亿规模的历程。他们拥有不断超越自己的理想，并以非常高的标准要求自己并带领下属。当你和他们交流的时候，你往往会被他们的职业素养所感动，因为他们中的每一位都会很清楚地告诉你，他今天所取得的成就都是来源于公司的不断发展，而他们只有不断地超越自己，才符合公司发展的要求和标准。

授权、授权、再授权

如果说在管理中授权是一个最响亮的口号，那是有其原因的，毕竟员工最喜欢这种授权赋能的公司。任正非在一次给员工的信中强调，让听到炮火的一线员工得到资源，而美的最大的管理特点也是授权和激励。惠普公司更是这样认为的，惠普公司负责台式电脑的美国市场经理博格说："对我们来说，授权意味着不必由管理人员做每一项决策，而是可以让基层员工做出正确的决定，管理人员在当中只担当支持和指导角色。"我最近常常喜欢到北京的一家餐厅吃饭，这家餐厅叫海底捞。本书前面介绍过，吸引人们到这家餐厅的缘由是它的服务非常贴心并很独特，当和用心为顾客服务的员工聊天的时候，你可以知道为什么这些员工如此热爱为顾客服务，因为公司授权给这些一线员工，有权处理顾客提出的要求，以及他们认为需要为顾客所做的一切。

提供好的经济保障

在同业和市场中拥有高收入是员工获得认可的一个最重要的标志。同时如果员工可以分享到工作成果，并能够因此获得更加美好的未来生活，会给员工极大的鼓舞，他们愿意为此做出全部的努力。在这一点上有些企业做得非常到位，微软的员工持股计划、西安杨森在上海为员工购买房子，海航开启了为员工建房计划。在我阅读 IBM 的案例的时候，常常为在 1933 年美国经济大萧条时期 IBM 所做的努力而感动。在这个时期，IBM 也同样遭到了经济危机的重创，但是为了保住接近 2 万员工的饭碗，IBM 强调绝对不能裁员，也因为公司做出这样的承诺，IBM 员工开始寻找发展的新市场，去海外拓展市场。经济危机过去后，IBM 反而因此成为全球市场的供应商。所以 IBM 的管理者说，无法说是因为保住员工而促使 IBM 的发展，还是 IBM 的发展保住了员工。但是，因为对员工的承诺，获得了员工的忠诚度，IBM 的确获得了发展。给予员工好的经济保障，能帮助员工肯定自我，人们往往在感受到被关心的时候才会感到自信，其实员工更希望这种关心能用金钱或无形的方式来表示。能够让员工真切地感受到公司对他的关心是实实存在的，那么他就会跟随公司，并做出努力。

正向激励

在理解激励理论的过程中，最需要掌握的应该是：在员工做出成绩的时候，给予立即的肯定和表扬。美国花旗银行为了提高公司的竞争力，制定了一系列奖励制度。例如，可以到全球最好的大学进修，可以给家人购买医疗保险，可以获得子女教育奖学金等。这些奖励制度的设立，使得花旗银行的员工具有非常多的机会来表现自己的业绩，并因此获得肯定。

虽然薪资是非常重要的部分，但是光有这一部分还不足够，因为薪资无法带来更大的满足感。如果要给予员工更大的满足感，就需要提供正向的激励部分，而且让业绩可以和激励挂钩，使得更高业绩的员工可以获得更高的激励，以此会带来非常大的示范作用，并获得员工不断超越自己的激情，以及与员工共同发展的热情。

学习与交流

大多数员工都明白，要在这个经济社会中生存下去，就必须不断地学习，能够提供学习与交流机会的公司就会有非常强的吸引力。如果可以持续提供学习的机会，员工的忠诚度就会提升。

惠普公司允许员工脱产攻读更高学位，学费 100% 报销，同时还主办时间管理、公众演讲等多种专业进修课程，而惠普商学院也成为企业大学中的佼佼者。几乎所有优秀的公司都会在员工学习中投入大量的资源，不仅从工作需要出发来安排员工的培训和学习，很多公司还会鼓励员工去获得更高的学位。如果员工要攻读更高学位，而这些学位又与业务有关，且员工能取得好成绩，公司则会全额资助。

六和集团的公司预算中总是把员工学习的投入作为首要的预算考虑，员工对此非常欢迎，因为这是另一种收入形式。美的集团的经理人可以安排自己到大学的商学院学习，在这家公司，知识也是放权的另一种形式，而这样的授权让经理人更加忠诚于公司。

以上是我观察那些具有很高员工忠诚度的优秀公司的经验得出的结论，也许每个公司都有自己独到的做法，但是这五个秘诀是它们共同采用的方法。

更新企业文化

美国著名财经杂志《财富》2007 年 3 月公布了 2007 年度全球最受赞赏公司名单，美国通用电气公司蝉联第 1 名。随后通用电气在上海宣布，借奥运会和世博会之机，通用电气将加大力度发展与中国在基础设施建设的合作。

韦尔奇说："如果你想让车再快 10 公里，只需要加一加马力；而若想使车速增加一倍，你就必须要更换铁轨了。资产重组可以一时提高公司的生产力，但若没有文化上的改变，就无法维持高生产力的发展。"让我们来看一看通用电气是如何进行企业文化变革的。

观念变革

"得以生存的不是最强大或最聪明的物种，而是最善应变的物种"，达尔文这段话给了通用电气很大的启发。通用电气意识到：面对激烈的市场竞争，"唯一不变的就是变革，而我们有能力进行变革"。成功企业的领导者，应该是“掌握变局的赢家”。韦尔奇果断淘汰了一些虽在盈利但已过时的业务，只保留那些在市场上占统治地位的业务，要求通用电气所有的事业部都要变成市场中的第一或第二，否则就将其关闭或出售，从而实现使通用电气成为全球最具竞争力公司的目标。好学是通用电气思维方式变革不可或缺的一部分，也是通用电气很重要的一个经营理念。对外，通用电气采纳了克莱斯勒公司和佳能公司的新产品介绍技术；采用了通用汽车和丰田的高效原料供应技术；学习了摩托罗拉的六西格玛管理方法。对内，通用电气的各事业部之间在技术、设计、人员奖赏和评价体系、生产等诸多方面实行共享。为把公司办成一个学习型组织，通用电气每年斥资 8 亿美元用于培训，不经过总部的克罗顿维尔学院培训的人不得提升。

组织与制度变革

通用电气提出创建“无边界组织”。“无边界组织”的观念和行动的变化就是化繁为简，向小公司学习，压缩规模，从董事长到现场管理者之间的管理级别数目从 9 个减到四五个，管理层中的二、三级部门和小组完全除掉。公司实行垂直为主的矩阵式、扁平化组织管理，各事业部的领导人直接向 CEO 和他的副手汇报。现在，通用电气的最高层经营班子仅有 3 人，总部机关只有 5 个职能部门（人力资源、研发、法律、信息和财务），却非常有效地控制着公司所有的重大决策。

强调“不去管理”。通用电气的“不去管理”并非认为管理者可以自由放任不进行管理，而是强调不要陷入过度的管理之中。在通用电气，有两种人必须离开：一是违反道德原则的人；二是控制欲强、保守、暴虐和压制别人，并且不愿改变的人。这种“不去管理”的理念，造就了一大批优秀、充满活力的管理人才。

行为变革

通用电气强调“群策群力”，这是一种松散的、非正式的并且常常是热闹的聚会形式，目的是集中公司内外、上下各方面智慧，培植收集并实施最好的主意。其方法是提出问题、倾听、讨论、建议，然后付诸行动。

通用电气更追求“挑战极限”。通用电气视产品与服务的品质为生命，而且在六西格玛管理中找到了提高质量的有效途径。六西格玛是一种测量每100万次谨慎操作中所犯错误的计量单位，它表明错误的次数越少，质量越高。1个西格玛表示68%的产品合格率，3个西格玛表示99.7%的合格率，一般情况下，这已经是达到了优质标准。现在的大多数美国公司处于这个水平，较好的美国公司能够达到3.5个西格玛。在通用电气看来这还不够，世界性的顶级公司要达到6个西格玛水平，即99.999 66%的合格率。为实现这一极限目标，通用电气把六西格玛标准落实到全球各公司，所有员工必须接受相关培训。

今天我们回顾通用电气辉煌的历程时，一定会看到通用电气为此所做的文化变革的努力，正如上面所描述的那样，企业如果想提升到更高的发展阶段，就需要在文化变革上做出努力。

事实上，企业文化变革对于任何一个发展的企业来说都是必须面对的课题。当企业原有的文化体系因难以适应企业内部发展及外部经营环境的变化而使企业经营陷入困境时，变革原有企业文化，创建一种适应形势发展要求的新文化，就成为一种必然。企业文化的变革，有着一系列的推动因素，但文化在相当长的一段时间内看起来是牢固和不易改变的，即便当环境中的一些变化给企业的发展带来一些麻烦时，人们也不太会从根本上去反思文化，或者因为文化已经深入人心，动摇企业文化的根基意味着挑战企业传统和权威，会遭到很多成员的反对。可见，进行变革的同时也会面临着各方的阻力。

影响企业文化变革的动因极其复杂。企业外部的政治、经济、技术、人口及行业文化，是影响企业文化发展变化的外部环境因素。而影响企业文化变革的企业内部因素则有企业自身的经营危机、成长的推动、战略的改变或领导人的更替。企业文化的变革是企业外部因素和内在因素共同作用的结果。

企业文化重塑的目的就是打破原有熵值不断增大平衡态，形成新的远离平衡态的耗散结构，促使企业由一种有序走向更高层次的有序。例如，1999 年，卡洛斯·戈恩在连年下滑的困境中出任日产公司新 CEO，他一上任就立刻发现日产公司处于混乱中。戈恩的诊断是：“日产公司缺乏明确的利润导向，对客户关注不够而过于注重与竞争对手攀比，没有一种跨越职能、国界和等级界限而进行合作的企业文化，缺乏紧迫感，观点不一致。”于是，在接管日产后的第二个星期，戈恩就着手改造日产的企业文化。他的这一大胆举措不久就得到回报：日产公司濒临破产的下滑趋势得以扭转，重新走上了盈利的发展道路。

企业文化变革的成功要素

如果上面的观点大家接受，寻找到企业文化变革成功的要素就是我需要完成的任务。很多公司陷入困境的根本原因不在于组织结构、首席执行官或员工，而在于群体组织和文化。所以在从破产的边缘重新走向兴盛的很多公司中，有一些是通过巧妙的财务融资手段获得成功，而另一些则是通过变革文化再次崛起。因为在不同文化中工作的人会有不同的行为和表现，所以只有改变文化才能够促使每个人更有效率和更富建设性地完成任务。这种变化需要在客户和员工满意、质量和利润方面发动激烈的变革，才能重新获得社会各方面的信任。从通用电气的这场文化变革中可以清楚地看到这一点，这同样也适用于不同的公司。

目标一致 有助于企业的变革应该从一开始就设定清晰的目标。企业的所有成员都要对核心目标达成一致共识。如果不能把大家最终都集中到变革上，那么企业将会付出昂贵的代价。这个一致的目标还必须体现在企业的战略安排上，换句话说，企业文化变革的目标应该是企业战略的目标，所有的变革都是围绕着如何实现战略目标而展开的。如果企业在战略目标上不清晰，或者没有明确的战略选择，员工对于战略目标的理解也不一致，文化变革就不会取得成效。中国的改革开放之所以成功，首先应该归功于全体中国人对于“以经济建设为中心”这个战略目标的高度一致的认同，正是人们对于发展经济的渴望和追求，观念变革才取得了成效。

标杆学习 通用电气的变革得益于对于标杆企业的学习。克莱斯勒汽车主要依靠自己的技术发展形成了成功的产品阵容，这给通用电气巨大的启示，丰田公司的全球供应商管理让通用电气拓展了视野，而摩托罗拉的六西格玛更加使得通用电气寻找到自己的管理方向。不仅如此，通用电气还要求员工向实践中的成绩和错误学习，不断改进。向身边的同事学习，向一切可以学习的人和事学习，在全公司展开标杆学习的热潮和组织氛围。

文化变革需要有标杆企业作为参照，需要给员工明确的示范和标准，如果不能够寻找到学习的标杆，文化变革也无法进行。华为为了改变自己，花了10年时间，请IBM咨询团队陪同华为一起成长。华为把IBM作为自己的标杆，并努力让自己接近IBM的标准，这10年的努力，的确让华为成长为一家具有国际竞争力的中国公司。

全员参与 文化涉及每个员工行为习惯和工作，因此必须全员参与才会取得成效。通用电气的方式是从员工的培训开始，从员工的观念革命开始，再延伸到组织结构的安排，最后到员工行为习惯的调整。这也启示我们，文化变革需要全员参与，需要企业在组织结构的设计上，在员工授权及发展中做出投入；需要创建一个组织氛围，使得员工可以很容易参与到企业的所有活动中，并能够在其中发挥各自的作用。

克莱斯勒曾经经历过这样一个变革过程，以往新产品只是设计部门的事情，但是在文化变革之后，新产品不再只是由少量人创造和控制。从市场一线开始，每一个和新产品相关的人都参与其中，提供最好的主意和创造力，即使装配生产线的工人也包括在内。其实，能够让全员参与到企业的所有活动中，是文化变革成功的又一个关键要素。

质量先导 2010年丰田“召回门”事件引发了人们对于丰田文化的质疑，这件事情的出现让包括丰田人在内的所有人反思，企业增长的极限在哪里？对于这个问题的回答，丰田自己给出了答案，如果脱离了对于顾客质量的承诺，企业发展也就走到了极限。所以，如果说文化变革具有衡量标准的话，这个衡量标准就是产品质量。通用电气向摩托罗拉学习六西格玛，并完全体现在自己的产品中，使得通用电气成为最近20年来成长最快，价值最大的公司。当人们向通用电气学习的时候，六西格玛成为反映通用电气文化及价值的一个最好的工具。

文化变革在很多人看来是观念上的改变，的确是这样，但是观念需要体现在产品的质量上，企业文化变革才会落到实处并获得成效。因此，高质量的标准，并以此作为一切行为的先导是活的文化变革成功的最重要的要素。

目标一致、标杆学习、全员参与、质量先导这四个要素是文化变革的关键成功要素，但是我们也清楚，文化变革不是很容易做到的，也不是万无一失的；它要花费时间，至少是一年，通常需要3～6年；它要付出努力，并时刻保持警惕；它还需要保持巨大的耐性和长期的维护。所以，在文化变革中要警惕以下问题。

- 设立成功样板是变革的关键，学会用获得的小小的成功去争取更大的工作成就。因此，要先从公司的小地方开始改变是必要的，然后再一步步扩大。中国的改革开放就是从四个经济特区开始，然后逐步推广到全中国的。

- 变革的支持者必须传递清晰一致的目标。如果他们不能传递一致的信息，并保持信息清晰和长时间占主导位置，文化变革可能只是一时的狂热。
- 当企业开始有了好的转机时，变革经常变得更困难。当变革有了初步的效果后，自满自足成为经常存在的危险，因此需要企业不断地设立更高的标杆来引领大家。
- 高管团队的稳定非常重要。如果高管团队不稳定，会带来短期行为，这不利于文化变革的实现。
- 保持良好的沟通。文化变革没有先例可循，每一个企业的变革都是以此独立探索的历程，所以需要企业领导者保持清醒的认识，和员工不断地交流，与外界不断地互动，并能够及时面对问题，解决问题。

参考文献

［1］ 吉尔特·霍夫斯泰德，格特·扬·霍夫斯泰德．文化与组织：心理软件的力量［M］．2版．李原，孙健敏，译．北京：中国人民大学出版社，2010.

［2］ 埃德加·沙因．企业文化生存指南［M］．郝继涛，译．北京：机械工业出版社，2004.

［3］ 程东升，刘丽丽．华为真相［M］．北京：当代中国出版社，2003.

［4］ 约翰·科特，詹姆斯·赫斯克特．企业文化与经营业绩［M］．李晓涛，译．北京：中国人民大学出版社，2004.

［5］ 孙燕君．马云的美丽新世界［M］．南京：江苏文艺出版社，2007.

［6］ 栾永斌．企业文化案例精选精析［M］．北京：中国社会科学出版社，2008.

［7］ 周志友．德胜员工守则［M］．合肥：安徽人民出版社，2009.

［8］ 普拉哈拉德，拉马斯瓦米．消费者王朝：与顾客共创价值［M］．王永贵，译．北京：机械工业出版社，2005.

［9］ 罗伯特·伯格曼．战略就是命运［M］．高梓萍，彭文新，邹立尧，等译．北京：机械工业出版社，2004.

［10］ 杰弗里·扬，威廉·西蒙．活着就为改变世界：史蒂夫·乔布斯传［M］．蒋永军，译．北京：中信出版社，2010.

［11］ 罗尔夫·詹森．梦想社会：为产品赋予情感价值［M］．王茵茵，译．大连：东北财经大学出版社，2003.

［12］ 梅格·惠特曼，琼·汉密尔顿．价值观的力量［M］．吴振阳，麻勇爱，译．北京：机械工业出版社，2010.

［13］ 彼得·德鲁克，约瑟夫·马恰列洛．管理（原书修订版）［M］．辛弘，译．北京：机械工业出版社，2010.

［14］ 威廉·大内．Z理论［M］．朱雁斌，译．北京：机械工业出版社，2007.

［15］ 郑作时．天下没有难做的生意（精华版）［M］．杭州：浙江人民出版社，2007.

[16] 彼得·德鲁克.管理的实践（珍藏版）[M].齐若兰，译.北京：机械工业出版社，2009.

[17] 查尔斯·汉迪.饥饿的灵魂[M].赵永芬，译.北京：中国人民大学出版社，2006.

[18] 伊丽莎白·哈斯·埃德莎姆.德鲁克的最后忠告[M].吴振阳，倪建明，译.北京：机械工业出版社，2008.

[19] 陈春花.超越竞争：微利时代的经营模式[M].北京：机械工业出版社，2007.

[20] 吉姆·柯林斯，杰里·波勒斯.基业长青(珍藏版)[M].俞利军，真如，译.北京：中信出版社，2009.

[21] 托马斯·弗里德曼.世界是平的：21世纪简史[M].何帆，译.长沙：湖南科学技术出版社，2006.

[22] 陈春花.中国企业的下一个机会：成为价值型企业[M].北京：机械工业出版社，2008.

[23] 马丁·雅克.当中国统治世界：西方世界的衰落和中国的崛起[M].张莉，刘曲，译.北京：中信出版社，2010.

[24] 塞缪尔·亨廷顿，劳伦斯·哈里森.文化的重要作用：价值观如何影响人类进步[M].程克雄，译.北京：新华出版社，2010.

[25] 林德荣.可怕的顺德：一个县域的中国价值[M].北京：机械工业出版社，2009.

[26] 冯幺玲.文化是个好生意[M].海口：南海出版社，2003.

[27] 陈春花，赵曙明，赵海然.领先之道[M].北京：中信出版社，2004.

[28] 肯·史密斯，迈克尔·希特.管理学中的伟大思想：经典理论的开发历程[M].徐飞，路琳，译.北京：北京大学出版社，2010.

[29] 迈克尔·茨威尔.创造基于能力的企业文化[M].王申英，译.北京：华夏出版社，2002.

[30] 王成荣，周建波.企业文化学[M].北京：经济管理出版社，2002.

[31] 亚历山德拉·里德·拉杰科斯.并购的艺术：整合[M].丁慧平，孙先锦，译.北京：中国财政经济出版社，2004.

[32] 拉里·博西迪，拉姆·查兰.执行：如何完成任务的学问[M].刘祥亚，译.北京：机械工业出版社，2006.

[33] 陈春花，曹洲涛，曾昊.企业文化[M].北京：机械工业出版社，2010.

[34] 黄铁鹰，梁钧平，潘洋."海底捞"的管理智慧[J].哈佛商业评论（中文版），2009（4）.

[35] 陈春花. 行业先锋：为什么领先？[J]. 新华文摘，2004(22).

[36] 郭开森. 华为的国际化逻辑[J]. IT 经理世界，2004(153).

[37] 王静. GE 文化变革三重奏及对中国企业文化建设的启示[J]. 现代商贸工业，2007(3).

[38] Schein E H. Coming to a New Awareness of Organizational Culture [J]. Sloan Management Review, 1984, 25 (2): 3-16.

[39] Flamholtz E. Corporate Culture and the Bottom Line [J]. European Management Journal, 2001,19 (3): 275-288.

[40] 许知远. 先生们，让我们重新想象中国[N]. 经济观察报，2003-12-26.

[41] 张炜，董辅礽："温州模式"仍存在不足[N]. 中国经济时报，2002-04-23.

[42] 陈庆修. 从企业文化看世界 500 强的成功之道[N]. 中华工商时报，2003-02-08.

[43] 第一财经日报. 招商银行："最有声望大企业"之路[EB/OL]. 北青网，http://dycj.ynet.com/article.jsp?oid=53761342.

[44] 谢阗地. 张小盒，"盒子"撬动世界[EB/OL]. 经济观察网，http://www.eeo.com.cn/eeo/discovering/2008/05/09/99080.shtml.

[45] 化工要闻. 三棵树涂料："健康"拓市场[EB/OL]. 中国化工网，http://vip.cheminfo.gov.cn/zxzx/page_info.aspx?id=217186&Tname= hgyw&680.

[46] 陈育辉. 美的：低调文化，张扬战略[EB/OL]. 世界经理人博客，http://blog.icxo.com/read.jsp?aid=6205.

[47] 林明军. 李东生：实现鹰的重生[EB/OL]. 腾讯博客，http://17581026. qzone.qq.com/.

[48] 孙海蓝. 从管理文化到文化管理——打造中国服务业的文化营销[EB/OL]. 搜狐博客，http://moonshl.blog.sohu.com/116398349.html，2009-05-14.

[49] 孙海蓝. 向海景花园大酒店学服务，学管理![EB/OL]. 搜狐博客，http://moonshl.blog.sohu.com/72529163.html.

[50] 青岛海景花园酒店官方网站 http://www.seaview.cn/.

[51] 新东方教育科技集团官方网站 http://www.neworiental.org/.

[52] 丰田汽车公司官方网站 http://www.toyota.com.cn/.

[53] IBM 公司官方网站 http://www.ibm.com/cn/.

[54] 国务院国有资产监督管理委员会官方网站 http://www.sasac.gov.cn.

[55] 中国 2010 年上海世博会官方网站 http://www.expo2010.cn/.

[56] 深圳市信息网络中心官方网站 http://www.shenzhen.net.cn/.

春暖花开系列

书名	ISBN	定价
让心淡然（珍藏版）	978-7-111-54744-0	59.00
在苍茫中点灯（珍藏版）	978-7-111-54712-9	39.00
手比头高（珍藏版）	978-7-111-54697-9	39.00
让心安住（珍藏版）	978-7-111-54672-6	49.00
高效能青年人的七项修炼	978-7-111-54566-8	39.00
大学的意义	978-7-111-54020-5	39.00
掬水月在手	978-7-111-54760-0	39.00
波尔多之夏	978-7-111-55699-2	49.00
一城一美好	978-7-111-55608-4	49.00

陈春花管理经典

关于中国企业成长的学问

企业如何为顾客创造价值，实现可持续的增长。好的企业不是规模有多大，能挣多少钱，而是能不能可继续增长，能不能贡献顾客价值。

核心关键词：价值、增长、成长，对顾客来说是价值，对企业来说是增长，对企业成员、企业家和合作伙伴来说是成长。

书名	ISBN	定价
从理念到行为习惯：企业文化管理（珍藏版）	978-7-111-54713-6	49.00
我读管理经典（珍藏版）	978-7-111-54659-7	45.00
激活个体：互联时代的组织管理新范式（珍藏版）	978-7-111-54570-5	49.00
中国领先企业管理思想研究（珍藏版）	978-7-111-54567-5	59.00
企业文化塑造	978-7-111-54800-3	45.00
冬天的作为：企业如何逆境增长（修订版）	978-7-111-54765-5	45.00
成为价值型企业	978-7-111-54777-8	45.00
回归营销基本层面	978-7-111-54837-9	45.00
领先之道（修订版）	978-7-111-54919-2	59.00
争夺价值链	978-7-111-54936-9	59.00
经营的本质（修订版）	978-7-111-54935-2	59.00
管理的常识：让管理发挥绩效的8个基本概念（修订版）	978-7-111-54878-2	45.00
高成长企业组织与文化创新	978-7-111-54871-3	49.00
中国管理问题10大解析	978-7-111-54838-6	49.00
超越竞争：微利时代的经营模式（修订版）	978-7-111-54892-8	45.00
经济发展与价值选择	978-7-111-54890-4	45.00
改变是组织最大的资产：新希望六和转型实务	978-7-111-56324-2	49.00
共识：与经理人的九封交流信	978-7-111-56321-1	39.00
激活组织：从个体价值到集合智慧	978-7-111-56578-9	49.00